JÜDISCHES LEBEN IN ERFURT

Kulturhistorischer Stadtführer

Kopie einer Sabbatampel von 1240 in der Alten Synagoge

Kulturhistorischer
Stadtführer

JÜDISCHES LEBEN IN ERFURT

In Zusammenarbeit mit
dem Netzwerk »Jüdisches Leben Erfurt«

Mit einer Einführung von Eike Küstner

EDITION LEIPZIG

Das rituelle Tauchbad, die mittelalterliche Mikwe, in Erfurt

Um 1270 entstand unter Einbezug älterer Gebäudeteile ein Neubau der Synagoge. Die Westfassade zeigt Lanzettfenster, die in zwei Reihen angeordnet sind. Die obere Reihe wird in der Mitte durch eine Fensterrose geschmückt.

JÜDISCHE WUNDER IN ERFURT

Lebendiges Chanukka, wiedergefundene Schätze und eine reiche Tradition

von Eike Küstner

In Erfurt ist Chanukka kein Buch mit sieben Siegeln mehr, alljähr-
lich werden zu diesem Fest die Lichter des achtarmigen Leuchters
vor dem Rathaus angezündet. Und jedes Jahr in den Wintermona-
ten versammelt sich die Jüdische Landesgemeinde mit vielen Gästen
direkt auf dem Fischmarkt vor dem Leuchter. Sie feiert mit diesem
Freudenfest das Wunder, welches das Chanukka-Fest begründet. Die
Überlieferung führt zurück in die Zeit nach dem Sieg der Makkabä-
er im jüdischen Jahr 3597, dem Jahr 164 vor Christus. Die Geschichte erzählt von der Wiedereinweihung des zweiten Tempels in Jeru-
salem. Als das ewige Licht angezündet werden sollte, war das Öl für
das Licht im Heiligtum bis auf einen kleinen Rest aufgebraucht. Das
restliche Öl hätte eigentlich nur noch einen halben Tag lang gebrannt,
aber es bot durch ein Wunder acht Tage lang Nahrung für das Licht:
so lange, bis der Ölvorrat erneuert werden konnte. Der Leuchter mit
den acht Armen wurde zum wichtigsten Symbol des lebensfrohen
Festes. Die acht Kerzen und deren Diener, der Schamasch, werden
bei dem drei Meter hohen Leuchter im Herzen von Erfurts Innenstadt elektrisch betrieben, das fröhlich-ausgelassene Fest in die Innenstadt hineingezogen. Das Fest zum Chanukka-Beginn zeigt, dass
in Erfurt jüdisches Leben wieder selbstverständlich wird und nicht
nur ein historisches Phänomen ist.

Im mittelalterlich geprägten Zentrum finden sich die Anfänge jüdischen Lebens in Erfurt, das Viertel, in welchem die jüdische Gemeinde gemeinsam mit christlichen Nachbarn lebte. Erste historische
Nachweise führen in das 11. Jahrhundert zurück: Juden waren in dem
Stadtgeviert zwischen dem Fischmarkt am Rathaus, dem Benediktsplatz vor der Krämerbrücke, der Kreuzgasse und der Michaelisstraße
zu finden. Die innerstädtische Lage ihrer Wohnorte weist auf die frühe Ansiedlung der Gemeinde hin. Außerdem siedelte diese nahe den
Handelsstraßen wie der bedeutenden via regia, die West und Ost ver-
band und durch Erfurt führte. Die Nähe zur Synagoge war für die Wahl
des Wohnortes ebenso bedeutsam, da gerade am Sabbat nur wenige
Schritte zum Bethaus gegangen werden durften. Juden lebten dort
Tür an Tür mit Christen, und sie waren ab 1291 auch von dem Tragen

stigmatisierender Kleidung befreit. Die besondere Kennzeichnung der Juden war auf dem vierten Laterankonzil 1215 festgelegt worden als Zeichen der Abgrenzung zwischen Christen und Juden. Ebenso hatte dieses Konzil den Ausschluss der Juden von öffentlichen Ämtern beschlossen.

Heute gibt es einen etwas sperrigen Begriff für die verschiedenen Zeitschichten und Orte, welche von jüdischem Leben in Vergangenheit und Gegenwart geprägt werden: Netzwerk »Jüdisches Leben Erfurt«. Auch wenn diese Wortgruppe zunächst bürokratisch klingt – sie verweist auf eine faszinierende Wende in der Wahrnehmung der Stadtgeschichte. Noch vor wenigen Jahren war es kaum im öffentlichen Bewusstsein, dass Erfurt Heimat für eine der bedeutendsten jüdischen Gemeinden des Mittelalters war und dass Juden vor allem im 19. Jahrhundert die Stadtgeschicke stark geprägt haben. Auch wenn der Begriff »Heimat« angesichts der Restriktionen, Pogrome und Verfolgungen der Juden ein mehr als holpriger ist. Inzwischen reicht das Interesse für die historischen Zeugnisse und die jüdische Stadtgeschichte weit über die regionalen Grenzen hinaus.

Im innerstädtischen Quartier finden sich zwei Synagogen, die zur Unterscheidung nach Alter und Größe die Alte und die Kleine Synagoge genannt werden. Nur wenige Spazier-Minuten vom Rathaus

Der Chanukka-Leuchter vor dem Erfurter Rathaus

entfernt lässt sich die Synagoge der ersten mittelalterlichen Gemeinde entdecken, die Alte Synagoge: Ihr Giebel ragt steil aus einem Hinterhofgeviert heraus. Die schmale Waagegasse, welche den Zugang zu Gotteshaus und benachbartem Hof bietet, versetzt mit ihren Speichergebäuden und der Waage unschwer in die Handelsstrukturen vergangener Jahrhunderte zurück. Unter den Händlern Erfurts fanden sich bis zum 14. Jahrhundert viele Juden. Dies verwundert nicht: Juden war mit dem Entstehen der handwerklichen Zünfte im Hochmittelalter der Eintritt in diese verwehrt. Sie wurden damit aus den handwerklichen Gewerken, die sie zuvor ausgeübt hatten, verdrängt. So verblieben ihnen Waren- und Geldhandel sowie die Tätigkeiten im eigenen Gemeindeumfeld, von den Schächtern bis zu den Gelehrten, um ihren Lebensunterhalt zu verdienen.

Die ältesten architektonischen Hinweise, die sich in dem Synagogenbau finden, lassen auf eine große jüdische Gemeinde im späten 11. Jahrhundert schließen. Deren Bedeutung wurde überregional wahrgenommen. So verweisen Quellen auf Erfurt als Ort, von dem aus Schofare in alle jüdischen Kultusgemeinden im deutschen Sprachraum geliefert wurden. Diese kultischen Musikinstrumente werden aus Widderhörnern gefertigt und erinnern unter anderem an die geplante Opferung des Isaak durch seinen Vater Abraham. Noch heute werden diese Instrumente in orthodoxen Gemeinden geblasen. Erfurt war auch eine nicht unbedeutende Station in den Lebenswegen von hochverehrten jüdischen Gelehrten. Die Schätze jüdischer Schreibkultur aus dem Besitz der Synagoge sind durch 15 erhaltene hebräische Codices, die in der Synagoge vorgestellt werden, ein Zeugnis für die Gelehrsamkeit in der Gemeinde.

Bevor das Museum Alte Synagoge im Jahr 2009 eröffnet wurde, war dieser Ort ein kaum erkennbarer. Ein Gewirr von Anbauten verdeckte den Blick auf die beiden heutigen Schaufassaden im Westen und im Norden. Die erste Vor-Ort-Entdeckung der legendären mittelalterlichen Synagoge, von welcher die Fachwelt nur Baureste vermutete, glich einem Denkmalkrimi: Da musste über Bretter balanciert, durch Fenster geklettert, sich auf engen Wegen vorwärtsgetastet werden.

Eine lange behördliche und wissenschaftliche Ausdauer hat Erfurt die Hinterhofsynagoge wiedergegeben, welche das Gottes- und Schulhaus, das Zentrum der Gelehrsamkeit und der jüdischen Rechtsprechung der ersten mittelalterlichen Gemeinde war. Jüdische Wohnstätten umschlossen die Alte Synagoge vollständig, der Zugang zum Gotteshaus war nur über diese möglich.

Die Nordfassade der Alten Synagoge zeigt den alten Eingang. 1349 wurde er beim Umbau in ein Lagerhaus zugemauert und westlich davon das Portal geschaffen, das auch heute noch als Eingang genutzt wird.

Im Mittelalter wurden Synagogen in Hinterhöfen erbaut, um Konfrontationen mit christlichen Nachbarn aus dem Weg zu gehen. Dass dies nicht immer half, zeigt Erfurts Geschichte. Die Synagoge, die heute als einziger bis zum Giebel erhaltener jüdischer Sakralbau aus dieser Zeit in Deutschland gilt, verlor ihre Bau-Bestimmung bei einem blutigen Pogrom, dem Pestpogrom am 21. März 1349. An diesem Tag wurde die gesamte Gemeinde ausgelöscht; die genaue Zahl der Toten ist nicht rekonstruierbar. Etwa 100 Mitglieder der Gemeinde sollen in der Synagoge erschlagen worden sein, weitere 900 Menschen kamen wahrscheinlich in ihren brennenden Häusern ums Leben. Bei Pestpogromen wurden in der Mitte des 14. Jahrhunderts in mehreren europäischen Ländern die jüdischen Gemeinden in den Städten vernichtet oder aus ihnen vertrieben. Für die unerklärliche Seuche, die als große europäische Pandemie zwischen 1347 und 1353 fast 25 Millionen Menschenleben forderte, wurde allerorts eine »Brunnenvergiftung« durch die Juden als Ursache gesehen. Dieser Pogrom war nicht singulär in der Geschichte der mittelalterlichen Kultusgemeinde. Auch für das Jahr 1221 ist schon eine Verfolgung nachweisbar, damals sollen es friesische Kaufleute und Pilgerer gewesen sein, die mehrere Juden erschlugen.

Die Alte Synagoge, bei deren Bauforschung man auf romanische Reste von einem wahrscheinlichen Vorgängerbau stieß, ist das wichtigste, aber nicht das einzige Zeugnis der ersten jüdischen Kultusgemeinde im Ort. Ebenso sind das rituelle Bad, die Mikwe, und einige andere Zeugnisse vorhanden. Wer heute im seitlichen Hof neben der Synagoge steht, kann sich beim Blick auf die Westfassade kaum mehr vorstellen, dass der große und hohe Bau fast vollständig verdeckt war. An der schmalen Waagegasse gelangte die Gemeinde durch ein Vorderhaus in den Hof vor der Nordfassade. Die einstige Pforte zur Synagoge ist nach der Restaurierung wieder gut zu entdecken, von der nachgewiesenen Fensterpracht dieser Fassade sind nur noch Rudimente zu erkennen. Einige Rätsel der Architektur konnten der Synagoge entlockt werden, andere bleiben im Bereich der Vermutungen. Die Hausecke zwischen der Nord- und der Westfassade ist nicht klassisch rechtwinklig, sondern verläuft im spitzen Winkel. Da versierte Handwerker an diesem Bau tätig waren, ist ein Versehen ebenso wenig vorstellbar wie bei der in sich gebrochenen Nordfassade, die weder durch eine Grundstücksgrenze noch durch eine andere Tatsache erklärbar ist. Die Unregelmäßigkeiten könnten ein baulicher Hinweis auf vorherige Pogrome sein, vermuten Bauhistoriker. Auch der Einbau des romanischen Zwillingsfensters als Spolie, also als übernommenes Bauteil, spräche dafür.

Heute ist die 1270 erbaute Westfassade mit ihren Erweiterungen um 1300 die Schaufassade, hier weisen eine ursprünglich zentrierte Fensterrosette und fünf Lanzettfenster auf die feierliche Wirkung der Architektur hin. Ein nachgewiesener Anbau, auf den nur noch Konsolsteine drei Meter über dem damaligen Laufniveau hindeuten, kann als einstiger Raum für die Frauensynagoge oder die Schule interpretiert werden. Die Nordfassade zeugt stark von den Umbauten im 14. Jahrhundert, nach der Profanierung wurden die Fenster verkleinert. Die Pforte wurde zugesetzt und westlich von ihr entstand ein Tor, das Platz bot für Fuhrwerke, die so in die Räume einfahren konnten. Die einstige Synagoge wurde nach dem Pogrom als

Die Westfassade der 1270 erbauten Alten Synagoge

Speicher genutzt. Sie wurde unterkellert und der hohe Innenraum in zwei Etagen unterteilt. Im Erdgeschoss ist noch das Lichterge-sims der Synagogenzeit nachweisbar, auf welchem Öllampen oder Kerzen standen und den Raum beleuchteten. Der Thoraschrein in der Ostwand musste einem weiteren Durchbruch für die Fuhrwerke weichen, jedoch ist sein ursprünglicher Standort im Osten bekannt. Synagogen waren immer wie die christlichen Kirchen gen Osten ausgerichtet. Auch das Lesepult, die Bima, ist nicht überliefert, nur aus einigen Fragmenten konnte das wahrscheinliche Aussehen re-konstruiert werden. Hier fanden die Lesungen der Thora statt. Die Bima muss nach den Rekonstruktionen ein stattlicher und zugleich filigraner Bau in der Mitte des Betraumes gewesen sein.

Das Erdgeschoss mit den Spuren der ersten Nutzung kann als Auf-takt zu einem Museumsbesuch mit seinen sparsamen Hinweisen viel über die Zeit der Synagoge berichten. In dem Museum finden sich je-doch weitere Verweise auf historische Funde: Der nachträglich eingebaute Keller birgt den Erfurter Schatz, der 1998 bei Bauarbeiten in der Innenstadt gefunden wurde. Die wissenschaftliche Bearbeitung der Münzen, Schmuckstücke und Gefäße aus der Zeit der Gotik ermöglichte nicht nur einen Blick in einen bürgerlichen Haushalt des 14. Jahrhunderts. So wurde auch herausgefunden, dass dieser Schatz aus dem Besitz eines Geldhändlers wahrscheinlich kurz vor dem Pestpogrom verborgen wurde. Sein einstiger Besitzer – Kalman von Wiehe ließ sich anhand des Grundstückes des Schatzfundes in der Michaelisstraße nachweisen – muss zu den Opfern des Pestpogroms 1349 gerechnet werden. Im Mittelpunkt der musealen Präsentation steht in einer Einzelvitrine ein ganz besonderes Schmuckstück: der Erfurter Hochzeitsring. Das wunderbare Stück zeigt ein goldenes Gebäude aus gotischem Maßwerk, welches von zwei geflügelten Drachen getragen wird, über einem breiten Reif. Dieser Ring wurde nur zur jüdischen Hochzeitszeremonie getragen, er symbolisierte den Brautpreis.

Erfurter Schatz, Jüdischer Hochzeitsring, erste Hälfte des 14. Jahrhunderts

Die Kopie einer Sabbatlampe fand zur Eröffnung der Synagoge als Museum als Geschenk des katholischen Bistums ihren Platz im Haus. (Abb. siehe S. 2) Der romanische Bronzeguss mit einer sternförmigen Schale für das Öl stammt von 1240 und wahrscheinlich aus einer Erfurter Werkstatt. Im Erfurter Dom St. Marien hängt dieser Leuchter schon seit dem Mittelalter als Ewiges Licht. Ob der Leuchter mit dem zylindrischen Körper, der umlaufende Reliefs mit Szenen aus den Büchern Mose zeigt, als Sabbatampel in einem Privathaus oder als Ner Tamid (Ewiges Licht) in der Synagoge hing oder gar keinen jüdischen Kontext hat, kann nicht nachgewiesen werden. Mag sein, dass er nach der Plünderung des jüdischen Eigentums nach dem Pestpogrom in den Dom gelangte – dass er ebenso wie der Erfurter Schatz ein Zeuge des Pogroms ist.

Einen überraschenden Zeitensprung erleben die Besucher der Alten Synagoge, wenn sie sich in das Obergeschoss begeben. Der Raum empfängt mit der beschwingten Lust eines kleinen gründerzeitlichen Amüsierortes. Eine umlaufende Empore sowie Reste von Schablonenmalerei und Tapeten lassen die Verwendung als Tanzsaal erkennen. Im 19. Jahrhundert war die Nutzung als Speicher einer gastronomischen gewichen: mit dem Tanzsaal im Obergeschoss, Gasträumen im Erdgeschoss sowie Teilen eines Küchentraktes und einer Kegelbahn im Keller. Die Synagoge war vergessen und dennoch stark besucht. Überformungen der jeweiligen Nutzer hatten ihre eigentliche Bestimmung untergehen lassen.

In der oberen Etage zeigt das Haus in Vitrinen Kopien und auch immer wieder Originale der hebräischen Handschriften, welche sich im 14. Jahrhundert noch im Besitz der Gemeinde befanden. Von der Geschichte der Erfurter Juden zeugt besonders ein weiteres Schriftstück in mittelhochdeutscher Sprache, der Erfurter Judeneid. Dieses Rechtsdokument wurde von dem Mainzer Erzbischof Konrad I., der Ende des 12. Jahrhunderts regierte, für die Stadt Erfurt entworfen. Die Mainzer Erzbischöfe hatten für den Erfurter Raum den Judenschutz, eine besondere Besteuerung der Juden, inne. Der Judenschutz war am Anfang des Mittelalters zunächst ein kaiserliches Privileg, welches der Kaiser an den Erfurter Landesherrn, den Mainzer Erzbischof, verpachtete. Damit war jener auch der Gerichtsherr über die Juden bei Streitigkeiten zwischen Christen und Juden. Der Judeneid ist ein Zeugnis dafür und steht zugleich für die Bedeutung der Gemeinde.

Anstelle des christlichen Schwurs schuf man für Juden eine dreizehnzeilige Formel, welche mit Anspielungen auf das Alte Testament vor Meineid warnte. Geschworen wurde rechtsverbindlich auf die fünf Bücher Mose. Die Eidesformel ermöglichte jedem Juden vor einem christlichen Gericht den Widerspruch und das Ausüben von Rechtsgeschäften.

Die Erfurter Kultusgemeinde war vor ihrer Vernichtung eine Kehila, eine sogenannte Vollgemeinde, mit allen dazugehörigen Einrichtungen. Der Friedhof der mittelalterlichen Gemeinde befand sich nördlich der Stadt vor deren Grenzen, er wurde nach der Vertreibung der Juden im 15. Jahrhundert mit einem städtischen Kornspeicher überbaut. Doch das historische Glück hat einige Grabsteine beziehungsweise deren Fragmente wieder ans Licht gebracht, drei von ihnen können im Innenhof vor der Nordfassade der Synagoge gezeigt werden. Mittelalterliche Grabsteine waren in der Stadtbefestigung oder auch in Hausfundamenten verbaut worden. Eine jüdische Begräbnisstätte wird eigentlich für die Ewigkeit angelegt, doch die Zeitläufe haben dem nicht entsprochen.

Des dich dirre sculdegit des bistu vnschuldic. So
dir got helfe. Der got der himel vnde erdin gescuf.
loub. blumen. vnde gras. des da uore nine was. Vnde
ob du unrechte swerist. daz dich di erde virslinde.
di datan vnde abiron virslant. Vnde ob du unrech
te swerist. daz dich di muselsucht biste. di naaman
nen liz. vnde iezi bestunt. Vnde ob du vnrechte
swerist. daz dich di e wrtilige di got moisi gab.
in dem berge synay. di got selbe screib. mit sinen
uingeren ander steinir tabelen. Vnde ob du unrech
te swerist. daz dich uellin alle di scrift. di gescriben
sint an den uunf buchen moisi. Dit ist der iuden
heit den di biscof cuntat dirre stat gegebin hat.

Der Erfurter Judeneid aus dem späten 12. Jahrhundert ist der älteste deutschsprachige Judeneid.

Das rituelle Bad der mittelalterlichen Gemeinde, die Mikwe, lag nicht direkt neben der Synagoge. Eine kleine Gasse, die heute überbaut ist, führte von der Michaelisstraße zur Kreuzgasse. Diese hieß im Mittelalter noch »Unter den Juden« und führte an dem Flüsschen Gera entlang. Im Jahr 2007 wurde das »kalte Bad der Juden« bei archäologischen Untersuchungen an der Gera wiederentdeckt. Mikwen werden durch lebendes Wasser, das heißt fließendes Wasser wie Grundwasser oder Quellwasser, gespeist. Für das mittelalterliche Gemeindeleben besaß das rituelle Bad eine besondere Bedeutung im Kontext der jüdischen Reinheitsgebote. Frauen mussten das Bad nach der Menstruation und nach Entbindungen aufsuchen, beide Geschlechter nach der Berührung von Unreinem. Die Erfurter Gemeinde hatte eine Grundwassermikwe, durch einen Kalkgrund wurde das Wasser in das Tauchbecken gedrückt. Das kalte Bad wurde bis zur Vertreibung der Juden Mitte des 15. Jahrhundert genutzt. Die archäologischen Reste

Die mittelalterliche Mikwe umgibt heute ein moderner Schutzbau.

Die Mikwe ist im Rahmen von öffentlichen und gebuchten Führungen zu besichtigen.

verweisen auf einen Raum, der schon in der Romanik bestanden hatte und später umgebaut wurde. Die Mikwe wurde von Westen her betreten. Durch einen nicht erhaltenen Vorraum gelangten die Gläubigen in einen Kellerbereich, wo die Kleider abgelegt wurden, und dann über acht Stufen in ein Tauchbecken, in welches sie ihren Körper dreimal vollständig eintauchten. Während eines Stadtbrandes 1472 wurde das Gebäude über dem Bad beschädigt. Das Becken wurde in der Folge für den Neubau verfüllt und zu einem Keller umgenutzt. Das Tauchbecken konnte nicht nur erforscht werden, sondern ist seit 2011 auch als musealer Raum erlebbar.

Im 14. Jahrhundert hatte sich in Erfurt noch einmal eine jüdische Gemeinde angesiedelt, etwa fünf Jahre nach der Vernichtung durch den Pestpogrom. Die Stadt hatte die Synagoge allerdings bereits profaniert und verkauft. Mit dem Auslöschen der jüdischen Gemeinde 1349 war dem Mainzer Erzbischof eine für ihn wichtige Einnahmequelle verloren gegangen: der Judenschutz. Daher wies er seine ihm untergebene Stadt an, wieder Juden in die Stadttore zu lassen. Von der zweiten Synagoge, welche die Stadt für die ab 1354 wieder anwachsende Gemeinde erbauen ließ, gibt es keine baulichen Reste mehr. Nur knapp 100 Jahre währte das jüdische Leben in Erfurt noch, dann kündigte der Rat den Judenschutz auf und die Juden mussten die Stadt verlassen. Diese zweite Gemeinde hatte vor allem hinter dem mittelalterlichen Rathaus gesiedelt, teilweise in städtischen Judenhäusern (Karte siehe S. 29).

Es dauerte mehrere Jahrhunderte, bis sich in Erfurt wieder eine jüdische Gemeinde bildete. Erst Ende des 18. Jahrhunderts durften wieder vereinzelt Juden in die Stadt hinein, um hier Handel zu treiben. Wohn- oder gar Bürgerrechte hatten sie allerdings noch nicht. Erst mit der französischen Ära – Erfurt stand zwischen 1806 und 1814 unter französischer Oberhoheit – änderten sich schrittweise die Bedingungen für Juden. Die von der Französischen Revolution eingeführte religiöse Gleichheit wurde auch in den französisch besetzten deutschen Gebieten eingefordert. Doch der Gedanke der Emanzipation benötigte in Erfurt einen langen Atem, um vom Rande der christlichen Mehrheitsgesellschaft in deren Mitte vorzustoßen.

Der erste Jude, dem 1810 das Bürgerrecht verliehen wurde, kam aus Coswig und betrieb seit 1806 in Erfurt einen Antiquitätenhandel. David Salomon Unger steht am Beginn einer Reihe von charismatischen Persönlichkeiten in der Gemeinde, welche die gründerzeitliche Stadt stark geprägt haben. Sein Sohn Ephraim Salomon Unger war der erste jüdische Student der Universität Erfurt. Nach seinem Studium lehrte er hier als Mathematiker bis zu deren Schließung im Jahr 1816. Anschließend begründete Ephraim Salomon eine erste Realschule, an der unter anderem Johann August Röbling, der spätere Erbauer der New Yorker Brooklyn Bridge, lernte. Derselbe Ephraim Salomon Unger wurde 1838, zwei Jahre nachdem den Erfurter Juden das aktive und passive Wahlrecht zuerkannt wurde, der erste jüdische Abgeordnete in der Stadtverordnetenversammlung.

Die das städtische und das Gemeindeleben prägende Familie Unger, der Kleiderfabrikant Isaak Lamm, der hier vor Ort die industrielle Konfektionsfertigung begründete, Vertreter der Gärtnerdynastie Benary, der spätere Kaufhausgründer Siegfried Pinthus und der Kunstmäzen Alfred Hess als Förderer der Moderne gehören neben vielen anderen zu den wichtigen jüdischen Persönlichkeiten des gründerzeitlichen Wirtschaftsaufschwungs in Erfurt.

Das Gemeindeleben fand bis 1840 im privaten Rahmen statt, dann konnte die Synagoge geweiht werden. Der heute als Kleine Synagoge bekannte klassizistische Bau wurde im Wohnviertel der zweiten mittelalterlichen Gemeinde erbaut, die Straße trug bis 1939 den Namen »An der Judenschule«. Die Kleine Synagoge blieb bis zur Einweihung eines neuen Synagogenbaus, welcher der gewachsenen Gemeinde mehr Raum bot, im Jahr 1884 das Zentrum des Gemeindelebens. Die anschließende Umnutzung zum Wohnhaus hat die Bestimmung dieses Baus lange Jahre unerkannt gelassen, erst Anfang der 1990er-Jahre wurde die Baugeschichte des markanten

Der ehemalige Betsaal der Kleinen Synagoge

Baus am Flusslauf der Gera wieder »entdeckt«. Bei der anschließenden Sanierung konnten Betsaal, Mikwe und Thoraschrein freigelegt werden. Die Kleine Synagoge wird seit 1998 als Begegnungs- und Kulturzentrum genutzt.

Unmittelbar nachdem die ersten Juden im 19. Jahrhundert ihren Wohnsitz in Erfurt nehmen konnten, legte die Gemeinde einen Friedhof an. Dieser »Gute Ort« lag auf einem kleinen Grundstück in der Nähe der Cyriaksburg, an der Cyriakstraße. Er wurde zwischen 1811 und 1878 belegt. Zu den Gräbern des 19. Jahrhunderts kamen 70 mittelalterliche Grabsteine hinzu, die im Stadtgebiet aufgefunden und dorthin versetzt wurden. Auch nach der Schließung blieb der Friedhof aufgrund der ewigen Totenruhe der jüdischen Religion bestehen. 1926 allerdings gab es bereits die erste Schändung des heiligen Ortes. Die damalige Zerstörung von 95 Grabsteinen rief in Erfurt eine aufrechte Empörung quer durch alle Schichten hervor, die Täter wurden streng rechtsstaatlich schuldig gesprochen. Auch die Stadtverordnetenversammlung verurteilte geschlossen dieses Verbrechen durch Mitglieder des »Wiking-Bundes«. Die nächste Schändung des Ortes geschah dann jedoch in der Reichspogromnacht, in der auch die Synagoge am Kartäuserring brannte. Die jüdische Gemeinde musste das Grundstück der Stadt überlassen. Diese ließ den Friedhof 1944 einebnen, um die Erinnerung an die jüdischen Erfurter auszulöschen. Nach der Rückübertragung des Grundstücks an die jüdische Gemeinde 1948 befand es sich nur kurz in deren Besitz. Bereits drei Jahre später verkaufte sie es, wahrscheinlich nicht ganz freiwillig, an die Stadt, die dann hier später Garagen für Mitarbeiter der benachbarten Staatsanwaltschaft erbauen ließ. Die Grabsteine wurden nach dem Abriss der Garagen teilweise in den Fundamenten wiederentdeckt.

Der Ort des Friedhofes des 19. Jahrhunderts ist seit wenigen Jahren wieder ein würdiger. Gedenksteine und einige wieder aufgestellte Grabsteine erinnern daran, dass hier für viele Menschen das Haus der Ewigkeit steht.

Der 1871 angelegte Neue Friedhof dient bis heute als Begräbnisstätte der jüdischen Gemeinde. Neben der Thüringenhalle, einem Bau aus nationalsozialistischer Zeit, gelegen, treffen hier die Grabkultur des 19. Jahrhunderts und die der heutigen Zeit aufeinander. Viele jüdische Unternehmer wie der Schuhfabrikant und Kunstmäzen Alfred Hess, die ihre Spuren in der Stadt hinterließen, und Personen aus der Gemeindegeschichte wie die Rabbiner Dr. Moritz Salzberger und Dr. Max Schüftan fanden hier ihre Ruhestätte. Der Friedhof steht täglich, außer am Sabbat und an jüdischen Feiertagen, auch für Besucher offen. Ein Weg führt an den rechts und links angeordneten Gräberfeldern mit teilweise sehr anspruchsvollen gründerzeitlichen und expressionistischen Grabmälern vorbei bis zur Tahara, dem Totenhaus. Auf vielen Grabsteinen wird auch der ermordeten

Verwandten gedacht, welche dem nationalsozialistischen Mordterror nicht entkommen konnten. Zu ihnen gehört beispielsweise die Rabbinerwitwe Blondina Schüftan, die Gemeindemitgliedern die Auswanderung ermöglichte und selber dem tödlichen Schicksal Auschwitz nicht entkam.

Der 1884 geweihte selbstbewusste Kuppelbau der Großen Synagoge mit 500 Plätzen wurde in der Pogromnacht vom 9. zum 10. November 1938 zerstört, annähernd 200 jüdische Männer aus Erfurt in dieser Nacht verhaftet und anschließend in das Konzentrationslager Buchenwald verschleppt.

Der Neue jüdische Friedhof in Erfurt ist der einzige jüdische Friedhof in Thüringen, der noch belegt wird.

Ihre Rückkehr nach einigen Wochen war aber nur eine vorübergehende. Nach und nach wurden diejenigen, die nach den Nürnberger Rassegesetzen Juden waren, deportiert und ermordet. Nur wenigen von ihnen gelang die Auswanderung. Den in Thüringen ab Juni 1945 wieder und neu gegründeten Gemeinden war eine widersprüchliche Geschichte beschieden. Einerseits erhielt Erfurt als einziger Ort auf dem Territorium der DDR 1952 einen Synagogenneubau, andererseits verloren die Gemeinden ab den 1950er-Jahren dramatisch an Mitgliedern. Schauprozesse in Prag und Moskau gegen jüdische Intellektuelle sowie der staatlich betriebene Antizionismus vor allem Anfang der 1950er-Jahre bewogen auch die in Thüringen lebenden Juden zur Auswanderung.

Dass die Gemeinde heute wieder eine lebendige sein kann, ist ebenso ein Wunder wie das Öl für das ewige Licht und die Wiederentdeckung der mittelalterlichen Synagoge. Wenn die politische Wende 1989 nicht gekommen wäre, würde es wahrscheinlich kaum noch jüdische Mitbewohner geben. Dem Zuzug von Menschen mit jüdischen Wurzeln aus den Ländern der einstigen Sowjetunion ist es zu verdanken, dass das Chanukka-Fest ein selbstverständlich-lebendiges ist, auch wenn ein tolerantes Miteinander in Thüringen noch nicht immer gelebte Realität ist.

Das Entzünden der ersten Kerze am Chanukka-Leuchter
wird vor dem Erfurter Rathaus gefeiert.

Historische Daten zur jüdischen Geschichte in Erfurt

→ **11. Jahrhundert** Anfänge der mittelalterlichen jüdischen Gemeinde

→ **nach 1094** Baubeginn der Alten Synagoge

→ **1212** Verleihung des Judenschutzes für Erfurt durch Kaiser Otto IV. an den Erzbischof von Mainz

→ **1221** Pogrom »friesischer Kreuzfahrer und anderer Christen«

→ **1248** Ersterwähnung des rituellen Bades (Mikwe)

→ **1291/1294** Verpachtung des Judenschutzes für Erfurt durch den Erzbischof an den städtischen Rat; die Erfurter Juden werden vom Tragen bestimmter Abzeichen befreit

→ **1306** Erfurts Rat erwirbt den Judenschutz für zwei Jahre

→ **1309** Gemeinsame Verteidigung der Stadt durch Juden und Christen bei Belagerung durch Thüringer Landgrafen

→ **21. März 1349** Pestpogrom – Ende der ersten Gemeinde, Brand jüdischer Hauser, Profanierung der Synagoge; wichtige Sachzeugnisse wie die hebräischen Handschriften gelangen in städtischen Besitz

→ **1354** Erneute Ansiedlung einer jüdischen Gemeinde

→ **1357** Errichtung der zweiten Synagoge durch den Erfurter Rat

→ **1453** Aufkündigung des Judenschutzes durch den städtischen Rat

→ **1458** Erfurt duldet keine Juden mehr innerhalb der Stadtmauern

→ **1807** Aufhebung des Judenleibzolls unter der französischen Regierung

→ **1810** Erstes Bürgerrecht für einen Juden, David Salomon Unger

→ **1811** Anlage des Friedhofs in der Cyriakstraße

→ **1840** Einweihung der Kleinen Synagoge durch einen liberalen Rabbiner

→ **1873** Anlage des Neuen jüdischen Friedhofs; er wird bis heute belegt

→ **1884** Weihe der Großen Synagoge

→ **1933–1945** systematische Auslöschung der Synagogengemeinde während der Gewaltherrschaft des deutschen Faschismus

→ **1938** Reichspogromnacht, Verhaftung jüdischer Männer und Verschleppung nach Buchenwald, Zerstörung der Großen Synagoge

→ **Juni 1945** Neubeginn des Gemeindelebens

→ **31. August 1952** Einweihung der neu gebauten Synagoge für die Thüringische Landesgemeinde

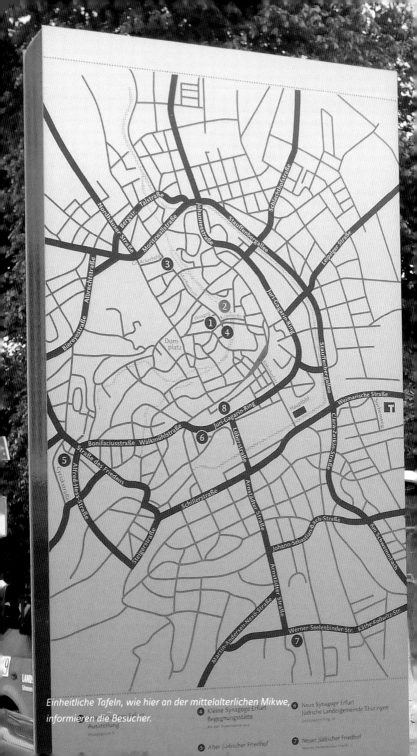

Einheitliche Tafeln, wie hier an der mittelalterlichen Mikwe,
informieren die Besucher.

Orte jüdischen Lebens in Erfurt sind zu dem Netzwerk »Jüdisches Leben Erfurt« zusammengeschlossen. Das Netzwerk verknüpft diese Stätten organisatorisch, gestalterisch und inhaltlich.

Ihm gehören die Alte Synagoge, die Kleine Synagoge sowie die Neue Synagoge und die Jüdische Landesgemeinde Thüringen an. Daneben sind die jüdischen Friedhöfe Teil des Netzwerks. Durch archäologische Funde und die wissenschaftliche Aufarbeitung wächst es um weitere Elemente: So wurde im September 2011 die mittelalterliche Mikwe in ihrer musealen Präsentation eröffnet und damit das Netzwerk um ein wichtiges Element erweitert.

Das Netzwerk »Jüdisches Leben Erfurt« hat ein eigenes Corporate Design und somit ein einheitliches Auftreten. Für die Gestaltung gewann die Stadt Erfurt zusammen mit Papenfuss – Atelier für Gestaltung den begehrten Design-Preis »red dot«. Auf dem Rundgang zu den Orten jüdischen Lebens in Erfurt können sich die Besucher somit leicht orientieren. Die Flyer und Informationsmaterialien zu den Einrichtungen sind einheitlich gestaltet. Info-Tafeln an der Alten Synagoge, der mittelalterlichen Mikwe, der Kleinen Synagoge und dem Alten jüdischen Friedhof sind im Design des Netzwerks gestaltet.

Mit der 2011 eröffneten musealen Präsentation der mittelalterlichen Mikwe und der Alten Synagoge haben sich in Erfurt einmalige bauliche Zeugnisse der bedeutenden jüdischen Gemeinde aus der Zeit zwischen dem ausgehenden 11. und der Mitte des 14. Jahrhunderts erhalten. Ergänzt und aufgewertet werden die Bauzeugnisse durch eine weltweit einzigartige Fülle von Sachzeugnissen, die gemeinsam Aufschluss über das jüdische Gemeinde- und Alltagsleben sowie die Koexistenz von Juden und Christen in mittelalterlichen Städten bieten – in einer Komplexität, die mit keiner bekannten Stätte vergleichbar ist. Aus diesem Grund hat sich die Thüringer Landeshauptstadt Erfurt entschieden, für ihr jüdisches Erbe des Mittelalters den Titel »UNESCO-Welterbe« anzustreben.

Thematisch eng verschränkt hiermit, obwohl nicht Teil des Netzwerks »Jüdisches Leben Erfurt«, ist der Erinnerungsort Topf & Söhne. Die im Januar 2011 eröffnete Gedenkstätte dokumentiert die Mittäterschaft der Erfurter Firma am Völkermord an den europäischen Juden.

Archäologen entdeckten die mittelalterliche Mikwe im Jahr 2007.
Das Ritualbad stammt aus dem 13. Jahrhundert.

Mittelalterliches jüdisches Quartier

Das mittelalterliche jüdische Quartier befand sich im Zentrum von Erfurt, im Viertel um das Rathaus, die Michaelisstraße und die Benediktikirche. Die Alte Synagoge bildete seit ihrer Entstehung im späten 11. Jahrhundert den Mittelpunkt dieses Viertels. Die zentrale Lage der Synagoge ist neben der Datierung des Baus auf das Jahr 1094 ein wichtiger Hinweis auf eine frühe jüdische Ansiedlung in Erfurt.

Innerhalb dieses Viertels lagen neben der Synagoge auch das jüdische Ritualbad, die Mikwe, und das Tanzhaus. Der mittelalterliche Friedhof, neben Synagoge und Mikwe die wichtigste Einrichtung einer jüdischen Gemeinde, lag außerhalb des von Juden bewohnten Bereichs, wie es der Ritus vorschreibt.

Im Vergleich zu anderen mittelalterlichen Städten befand sich das jüdische Viertel nicht nur an sehr zentraler Stelle, sondern war zugleich eine der besten Wohnlagen der Stadt. Erfurt war im Mittelalter aufgrund seiner Lage an der via regia, einer wichtigen europäischen Ost-West-Verbindung, sowie dem Handel mit Waid, dem einzigen zu dieser Zeit bekannten Blaufärbemittel, eine der größten und reichsten Städte Europas. Große, bereits mit Steinhäusern bebaute Grundstücke prägten einen Teil des jüdischen Viertels.

Nur um das jüdische Ritualbad, die Mikwe, herum, nahe am Fluss, wo man dem Gestank des Gewässers ausgesetzt war und die Gefahr von Hochwasser bestand, waren die Grundstücke kleiner, war die Besiedlung dichter.

Die auf dem nachempfundenen Plan des Quartiers (siehe hintere Umschlagklappe dieses Buches) eingetragenen Namen zeigen die urkundlich nachgewiesenen Besitzer beziehungsweise Bewohner des Viertels. Nicht bei allen ist eindeutig zu entscheiden, ob es sich um Juden oder Christen handelt, und nicht alle Besitzer sind zu belegen. Dies zeigen die Lücken in der Kartierung. Es wird dennoch deutlich, wie eng Christen und Juden während der Zeit der ersten jüdischen Gemeinde zusammenwohnten.

Auffallend ist, dass sich die von Juden bewohnten Hausstätten in der Zeit vor dem Pogrom im Jahr 1349 in ihrer Größe stark unterscheiden. So steht der sehr dicht besiedelte Bereich rund um die Mikwe im Gegensatz zu den offenbar sehr großzügigen Grundstücken an der Michaelisstraße. Dieser Unterschied beruht wahrscheinlich darauf, dass an der Michaelisstraße, einem der Haupthandelswege, wohlhabende Menschen lebten, während im rückwärtigen Bereich eher ärmere Menschen wohnten – hier wie dort Juden und Christen nebeneinander.

In der Mitte des 14. Jahrhunderts suchte die Pest weite Landstriche Europas heim und führte zu großem Leid und wirtschaftlichem Niedergang. Die tatsächlichen Ursachen der Pest waren unbekannt. Oft machte die christliche Bevölkerung Juden für diese Seuche verantwortlich, und Gerüchte kamen auf, dass Juden Brunnen oder Flüsse vergiften würden. Der aufgestaute Zorn entlud sich vielerorts in blutigen Ausschreitungen und Judenverfolgungen, so auch in Erfurt.

Am 21. März 1349 überfiel eine bewaffnete Menschenmenge das jüdische Viertel. Im Vorfeld hatten die Aufrührer Waffen gekauft und Verbündete angeworben. Obwohl der Rat offiziell versuchte, den Pogrom zu verhindern, beteiligten sich doch einzelne Ratsmitglieder aktiv am Geschehen. Laut Überlieferungen sollen 100 Juden bei dem Versuch, sich zu verteidigen, von Erfurter Bürgern erschlagen worden sein. Als die Lage aussichtslos wurde, zogen sich die Überlebenden in ihre Häuser zurück und zündeten sie an. In den Flammen kamen wohl an die 900 Juden um. Das große Feuer zerstörte das Viertel um die Synagoge. Zahlreiche Häuser und auch der Dachstuhl der Synagoge brannten nieder. Die Pest jedoch erreichte die Stadt erst im darauffolgenden Jahr, als keine Juden mehr in Erfurt lebten.

Nach dem Pogrom nahm der Erfurter Rat nicht nur die Häuser und Grundstücke der ermordeten Juden in Besitz. Er ließ in den Trümmern sogar noch nach Geld und Wertgegenständen suchen: nach Schmuck und silbernen Gefäßen, aber auch Kleidern und Büchern. Das Aufgefundene ließ er zum Teil verkaufen. Auch forderte er Kredite von Schuldnern zurück. Jüdische Häuser baute der Erfurter Rat teilweise für andere Zwecke um. So entstand an der Michaelisstraße das städtische Waagegebäude. Verschiedene ehemals jüdische Anwesen zog der Rat offenbar zur Erweiterung des Rathauses und des städtischen Marstalls ein.

Bereits im Jahr 1354 kam es zur bewussten Wiederansiedlung einer jüdischen Gemeinde durch den Erfurter Rat. Sicher erhoffte man sich eine Aufbesserung der Kasse durch die Steuer- und Schutzgeldzahlungen der Juden, wollte, nachdem die Pest gewütet hatte, wieder neue Einwohner gewinnen und nicht zuletzt die christlichen Mitbürger wieder stärker vom Handel mit Geld fernhalten. Es kam so zu einer gezielten Ansiedlung von Juden in städtischen Bauten hinter dem Rathaus.

Die Juden, die sich wenige Jahre nach dem Pogrom in Erfurt niederließen, stammten vor allem aus Mitteldeutschland, Böhmen und

Schlesien. Viele entschlossen sich trotz der Vernichtung der ersten jüdischen Gemeinde dazu, sich in Erfurt niederzulassen, da sie nach den Pogromen, die es überall in Europa gegeben hatte, heimatlos waren. Zudem war Erfurt ein bedeutendes Handelszentrum. Der Rat förderte ihre Ansiedlung mit dem Bau von Reihenmietshäusern an der Gera. Im Jahr 1357 ließ der Rat auch eine neue Synagoge errichten, da er die Alte Synagoge bereits verkauft hatte. Diese war von ihrem neuen Eigentümer, einem Kaufmann, in ein Lagerhaus umgebaut worden.

Die Wohnsituation innerhalb der Stadt wandelte sich jedoch komplett, was man auf einem zweiten Plan (siehe diese Seite) erkennen kann. Auffällig sind die kleinen Grundstücke, die für die jüdische Ansiedlung festgelegt wurden: Juden bewohnten nun Reihenhäuser, während sie vor dem Pogrom auf zum Teil deutlich größeren Grundstücken gelebt hatten.

Die neu errichtete Synagoge befand sich in unmittelbarer Nachbarschaft der Wohnhäuser. Die alte Mikwe an dem Fluss Gera wurde jedoch weiter genutzt und auch der Friedhof außerhalb des Viertels diente weiter als Ort für Bestattungen.

Bei der zweiten mittelalterlichen Gemeinde handelt es sich um eine bewusste Wiederansiedlung von Juden durch den Erfurter Rat. Hinter dem Rathaus wurden eine Synagoge sowie Reihenmietshäuser errichtet. Die intensiven Forschungen, die diese Darstellung ermöglichten, gehen auf Dr. Thomas Nitz vom Thüringischen Landesamt für Denkmalpflege und Archäologie zurück.

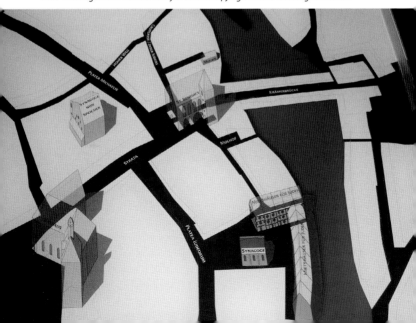

Durch starken Zuzug vergrößerte sich die jüdische Siedlung sehr schnell über den schmalen Bereich hinter dem Rathaus hinaus. Die Ausdehnung erreichte in etwa wieder die Größe während der Zeit vor dem Pogrom von 1349. Doch der Antijudaismus wurde im Verlauf des 15. Jahrhunderts immer präsenter und äußerte sich in antijüdischen Kunstdarstellungen, physischer Gewalt gegen Juden und antijüdischen Predigten. Dies sowie eine immer höher werdende Steuerlast führten im Laufe des 15. Jahrhunderts zu einer Abwanderung von Juden auf das Land und in Richtung Mittelosteuropa. 1453 kündigte der Stadtrat den Judenschutz. Zu diesem Zeitpunkt scheinen bereits keine Juden mehr in Erfurt gelebt zu haben. Die zweite mittelalterliche Synagoge wurde nun als städtisches Zeughaus verwendet, ein großer Stadtbrand von 1736 vernichtete das Gebäude. Das jüdische Tauchbad wurde verfüllt und als Keller der Wohnbebauung an der Gera genutzt.

Heute lässt sich am aktuellen Stadtplan die alte Siedlungsstruktur nur noch in geringen Teilen erkennen. Ein spätmittelalterlicher profaner Steinbau hat sich im Zentrum der Erfurter Altstadt am Benediktsplatz erhalten. Es handelt sich um das sogenannte Steinerne Haus mit einem mittelalterlichen Keller, einer farbig gefassten Holzbalkendecke aus dem 13. Jahrhundert im ersten Obergeschoss sowie den Resten eines Stufengiebels. Das Gebäude befindet sich mitten im jüdischen Quartier und war seit 1293 nachweislich in jüdischem Besitz. Von der zweiten Gemeinde haben sich lediglich die Grundstücksgrößen erhalten. Am Gera-Ufer befindet sich jetzt die Synagoge aus dem 19. Jahrhundert. Außerdem verweisen die historischen Namen von Straßen und Gassen auf die einstige jüdische Besiedlung des Viertels.

Im November 2011 wurde die Forderung eines engagierten Erfurters umgesetzt: Drei alte Straßennamen sind seitdem wieder im Stadtbild sichtbar. Die heutigen Straßennamen wurden um Bezeichnungen ergänzt, die den historischen Namen der Straße wiedergeben. Die historischen Bezeichnungen *platea iudeorum*/»Judengasse« (heute »Rathausgasse«), *retro scolam Judeorum*/»Hinter der Judenschule« (heute »An der Stadtmünze«) und *inter iudeos*/»Unter den Juden« (heute Teil der »Kreuzgasse«) verweisen auf die ehemalige jüdische Besiedlung des Viertels.

Die Gasse »Hinter der Judenschule« hatte der Stadtrat 1939 in »An der Stadtmünze« umbenannt. Diese Auslöschung der Erinnerung an die jüdische Geschichte der Stadt durch die Nationalsozialisten ist auch nach dem Zweiten Weltkrieg nicht rückgängig gemacht worden.

Alte Synagoge

Die Alte Synagoge ist die älteste bis zum Dach erhaltene Synagoge in Mitteleuropa. Im Oktober 2009 eröffnete hier ein außergewöhnliches Museum. Das wichtigste Exponat ist dabei das Gebäude selbst – die Bau- und Nutzungsgeschichte der Alten Synagoge gibt Auskunft über die Geschichte der jüdischen Gemeinde in Erfurt. Daneben beherbergt das Museum mit dem Erfurter Schatz und den Erfurter Hebräischen Handschriften einzigartige Sachzeugnisse der mittelalterlichen jüdischen Gemeinde. Zusammen mit der Dokumentation der Baugeschichte der Synagoge werfen die Objekte ein Schlaglicht auf die Geschichte der Erfurter Gemeinde, die im Mittelalter eine herausragende Stellung in Europa innehatte.

Baugeschichte

Die ältesten Mauerteile der Alten Synagoge stammen aus dem späten 11. Jahrhundert. Für Hölzer aus dieser Bauphase konnte mithilfe der Jahresringe des Holzes durch die sogenannte Dendroanalyse 1094 als Jahr der Fällung bestimmt werden. Das mit Ritzfugen verzierte Mauerwerk aus dieser Zeit lässt sich im unteren Bereich der Westwand auf etwa acht Metern Breite nachweisen.

Wie im Mittelalter üblich, lag der ursprüngliche Fußboden unter dem Straßenniveau. Zum Zeichen der Demut stieg man beim Betreten des Gotteshauses einige Schritte in den Betsaal hinab.

Mitte oder Ende des 12. Jahrhunderts wurde die Synagoge umgebaut oder erneuert. Aus dieser Bauphase stammt lediglich ein kurzes Stück Mauer in der Westwand. In dieser sitzt als einziger Bauschmuck ein Zwillingsfenster, das Biforium, in dessen Sturz Hölzer aus dem ersten Bau neu eingebaut wurden.

Der Keller wurde bei der Umnutzung in ein Lagerhaus unter dem bestehenden Gebäude errichtet. Hier wird heute der Erfurter Schatz ausgestellt.

Um 1270 ließ die jüdische Gemeinde unter Einbeziehung der älteren Gebäudeteile einen sehr repräsentativen Synagogenneubau errichten. Die westliche Wand ist als Schaufassade gestaltet. Sie schmücken fünf Lanzettfenster und eine große Fensterrosette. Der hohe Innenraum des Gotteshauses war von einem hölzernen Tonnengewölbe überspannt. Die heutige Deckenkonstruktion stammt aus dem Jahr 1350 und wurde errichtet, als das jüdische Gotteshaus in ein Lager umgebaut wurde.

Das einzige erhaltene Ausstattungsstück des Innenraums der Synagoge ist das Lichtergesims, ein umlaufendes Band, auf dem Lampen aufgestellt wurden, um die Synagoge zu beleuchten. Es ist an der Westwand in einem kleinen Abschnitt nachgebildet, der Verlauf lässt sich aber auch an der Südwand und der Ostseite des Raumes deutlich erkennen.

Wie in Synagogen üblich, befand sich der Thoraschrein sehr wahrscheinlich an der Ostwand, um in die Richtung Jerusalems zu weisen. Hier wurde die Thora – die die fünf Bücher Mose beinhaltet – aufbewahrt. Dieser Schrein wurde jedoch bei dem Umbau in ein Lagerhaus zerstört, da hier eine Tordurchfahrt geschaffen wurde. Heute ist der Thoraschrein deswegen nur noch als Projektion erlebbar.

Der Standort des Lesepults, der Bima, ist wegen fehlender Spuren im Boden nicht rekonstruierbar. Zwei erhaltene Bogensteine lassen jedoch auf ein achteckiges Pult schließen, das – wie im Mittelalter üblich – zentral in der Mitte des Raums stand. Von hier wurde der jeweilige Wochenabschnitt der Thora gelesen.

Die Synagoge wurde etwa 1300 um einige Meter nach Norden erweitert und aufgestockt. Diesen Anbau kann man heute im Inneren der Synagoge anhand einer modernen Glaswand nachvollziehen.

Im Erdgeschoss der Alten Synagoge wird die Bau- und Nutzungsgeschichte des jüdischen Gotteshauses erzählt.

Er beherbergte wahrscheinlich die traditionell vom Gebetsraum der Männer abgetrennte Frauensynagoge oder diente als Schule für den Hebräischunterricht der Knaben. Er wurde durch große Spitzbögen vom eigentlichen Synagogenraum abgeteilt.

Der Anbau besaß nach Norden eine symmetrisch gegliederte Fassade. In der Mitte der Nordwand war ursprünglich der Zugang zur Synagoge. Über der erhaltenen Pforte befanden sich fünf hohe Lanzettfenster; von ihnen sind jedoch nur drei rudimentär erhalten: Bei dem Umbau der Synagoge in ein Lager nach dem Pogrom von 1349 wurden die Fenster zum Einbau von Speicherböden unter Verwendung der alten Gewände und Bögen verkleinert. Eine Projektion an der Decke der Alten Synagoge erzeugt einen Eindruck von der ursprünglichen Raumwirkung vor dem Umbau in ein Lagerhaus – ohne Zwischendecke und überspannt von einem Tonnengewölbe.

In der Folge des verheerenden Pogroms von 1349, bei dem die Synagoge schwer beschädigt wurde, hatte die Stadt Erfurt das Gebäude an sich gebracht. Sie verkaufte es an den Händler, der bereits Eigentümer der Michaelisstraße 2 war. Er baute das Gotteshaus in ein Lager um, indem er das Gebäude mit einem großen Gewölbekeller versah und einen neuen Dachstuhl errichtete. Zwei massive Holzdecken wurden eingezogen – ihre Balken können auf das Jahr 1350 datiert werden. Um mit Fuhrwerken vom Vorderhaus in der Michaelisstraße in den Speicher und weiter in die Waagegasse zu gelangen, wurden in die Ost- und Nordwand zwei große Tordurchfahrten eingebrochen.

In den folgenden 500 Jahren bestand die Nutzung des Gebäudes als Speicher in kaum veränderter Form. Davon künden noch heute Getreidekörner und Spelzen, die hinter den neuen Glasscheiben der Lanzettfenster in der Westfassade zu sehen sind.

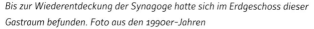

Bis zur Wiederentdeckung der Synagoge hatte sich im Erdgeschoss dieser Gastraum befunden. Foto aus den 1990er-Jahren

Ab dem späten 19. Jahrhundert wurde die ehemalige Synagoge gastronomisch genutzt: Ein Tanzsaal wurde im Obergeschoss eingebaut. Seine reiche Ausstattung mit Stuckfiguren und farbiger Bemalung ist heute noch weitestgehend erhalten. Für den Umbau nahm man die obere Holzdecke des Speichers heraus und ersetzte diese durch eine umlaufende Empore. Im Erdgeschoss befand sich eine Küche und später ein Gastraum, im Keller gab es eine Kegelbahn.

Durch die zahllosen Um-, An- und Einbauten war die ursprüngliche Gestalt der Synagoge lange Zeit kaum erkennbar. Spätestens ab den späten 1980er-Jahren war der städtischen Denkmalpflege die Bedeutung des Gebäudes als ehemalige Synagoge bewusst. 1992 beauftragte sie das Freie Institut für Bauforschung und Dokumentation in Marburg mit einer ersten bauhistorischen Untersuchung der Synagoge. Die Bauuntersuchung, die keine Eingriffe in die bestehende Substanz erlaubte, stand unter der Leitung von Elmar Altwasser. Es wurde nachgewiesen, dass die Alte Synagoge weitestgehend erhalten und von besonderer baulicher Qualität ist.

Vom Benediktsplatz aus war bis 1999 der Ostgiebel der Synagoge zu sehen.
Foto aus den 1990er-Jahren

Durch die Nutzung als Lager und Gaststätte sowie die jahrzehnte-lange Vernachlässigung bestand jedoch akute Einsturzgefahr. Der neue Besitzer, der die Synagoge zusammen mit dem gesam-ten Gebäudekomplex schon 1990 von der TLG Treuhand Liegen-schaftsgesellschaft erworben hatte und hier eine Gasthausbrauerei mit Großgastronomie einrichten wollte, unternahm keine Anstren-gungen zur Sanierung des Gebäudes. Aufgrund der Einmaligkeit des Bauwerks bemühte sich die Stadt Erfurt, die Synagoge zu retten und einer angemessenen Nutzung zuzuführen. Nach schwierigen Ver-handlungen konnte sie den Bau im Jahr 1998 kaufen.

1999 bis 2009: Sanierung und Konzeption eines Museums

Die besondere Vergangenheit der Alten Synagoge verlangte nach einer speziellen Sanierung. Man entschloss sich, die Spuren der verschie-denen Nutzungen, die die Geschichte der jüdischen Gemeinde von Erfurt widerspiegeln, zu erhalten. Um die Synagoge von außen sicht-bar zu machen, wurden zahlreiche Anbauten entfernt.

Ein Anbau aus dem Jahr 1841 verdeckte die Westfassade fast vollständig.
Foto aus den 1990er-Jahren

Bei der Frage nach der künftigen Nutzung der Alten Synagoge nahm eine Idee Gestalt an, an der seit dem Jahr 2003 gearbeitet wurde: die Einrichtung eines Museums zur Kultur und Geschichte der jüdischen Gemeinde Erfurts im Mittelalter. Das Museum Alte Synagoge Erfurt wurde am 27. Oktober 2009 eröffnet.

Seitdem besuchten jährlich fast 60.000 Menschen das Haus. Damit ist die Alte Synagoge das am besten besuchte Museum Erfurts und ein bedeutender touristischer Anziehungspunkt der thüringischen Landeshauptstadt. Mit der mittelalterlichen Mikwe konnte im September 2011 die museale Präsentation zudem erweitert werden.

Von der britischen Vereinigung der Reisejournalisten wurde das Museum im Jahr 2011 zum besten europäischen Tourismus-Projekt gekürt. Die Stadt Erfurt strebt für das mittelalterliche jüdische Erbe außerdem seit 2009 den Titel »UNESCO-Welterbe« an.

Der Erfurter Schatz

Während die Dauerausstellung im Erdgeschoss über die Bau- und Nutzungsgeschichte der Synagoge informiert, wird im Keller des Museums der Erfurter Schatz präsentiert. Diese Gold- und Silberkostbarkeiten hatte ein jüdischer Kaufmann während des Pogroms von 1349 vergraben. 1998 wurden sie bei Bauarbeiten in der Michaelisstraße entdeckt. Bei dem Schatzfund handelt es sich um Gold- und Silberschmiedearbeiten sowie Münzen und Barren aus dem 14. Jahrhundert. Der Erfurter Schatz ist in Umfang und Zusammensetzung weltweit einmalig. Bevor er in der Alten Synagoge Erfurt einen dauerhaften Ausstellungsort fand, konnte er in London, Paris und New York besichtigt werden.

Erfurter Schatz, Brosche, zweites Viertel des 14. Jahrhunderts;
Brosche, erste Hälfte des 14. Jahrhunderts;
Silbermünze, Ende des 13. / erste Hälfte des 14. Jahrhunderts

In der Michaelisstraße Nr. 43/44, nicht weit entfernt von der Alten Synagoge, wurde 1998 ein Neubau errichtet. Zuvor hatte man zwischen Juli 1997 und März 1998 archäologische Grabungen unternommen. Anschließend sollten Bauarbeiter das Gelände um einen bei der Grabung freigelegten romanischen Keller planieren. In seinem Eingangsbereich fanden sie dabei die ersten silbernen Gefäße. Die Archäologen konnten in der Folge zahlreiche weitere Objekte bergen und die Verbergungsumstände genau untersuchen. Der Keller, in dem der Schatz gefunden wurde, ist heute Teil des Neubaukomplexes und wird als Fahrradkeller genutzt.

Die Kostbarkeiten waren versteckt worden, als in der Mitte des 14. Jahrhunderts in Europa überall die Pest ausbrach und es in der Folge zu einer Pogromwelle gegen Juden kam. Auch in Erfurt fanden am 21. März 1349 Verfolgungen statt – lange bevor die Pest die Stadt erreichte. Aus Angst vor der drohenden Verfolgung vergruben einzelne Juden ihre Wertsachen, so auch Kalman von Wiehe, der vermutlich der Besitzer des Schatzes war. Er war im Geldhandel tätig und gehörte zu den Gesellschaftern eines Bankenkonsortiums.

Der Schatz hat ein Gesamtgewicht von etwa 28 Kilogramm. Den größten Anteil daran haben 3.141 Silbermünzen sowie 14 silberne Barren. Der Fund beinhaltet mehr als 700 Einzelstücke gotischer Goldschmiedekunst: Schmuckstücke wie Broschen, Gewandbesatz, Ringe und Gürtelteile. Der im Fund enthaltene jüdische Hochzeitsring (Abb. siehe S. 13) identifiziert den Schatz als früheren jüdischen Besitz. Der Hochzeitsring war ein aufwendiges Schmuckstück, das der Ehemann seiner Frau zur Hochzeit schenkte und ihr während der Trauung an den Zeigefinger der rechten Hand steckte. Sie trug den Ring nur an diesem Tag, jedoch ging er in ihren Besitz über. Darüber hinaus enthielt der Schatzfund ein Ensemble an Silbergeschirr, das sich aus einem Satz von acht Bechern, einer Kanne, einer Trinkschale sowie einem Doppelkopf – ebenfalls ein mittelalterliches Trinkgefäß – zusammensetzt.

Erfurter Schatz, Silberdose mit Liebespaar und Silberbecher, beide erste Hälfte des 14. Jahrhunderts

Ab dem 19. Jahrhundert war die Synagoge Teil des »Döblerschen Kaffee-hauses«. Im ersten Stock wurde ein Tanzsaal eingebaut.

Die Erfurter Hebräischen Handschriften

Im Obergeschoss der Alten Synagoge werden den Besuchern mittel-alterliche Handschriften vorgestellt. Sie belegen das überaus entwickelte Geistesleben der Erfurter Gemeinde. Doch auch der Raum selbst bietet eine einzigartige Atmosphäre – als Tanzsaal aus dem 19. Jahrhundert.

Spätestens ab 1861 muss die ehemalige Synagoge zum »Döblerschen Kaffeehaus« gehört haben. Vielleicht verfügte sie damals bereits über einen Tanzsaal im ersten Obergeschoss. Doch erst 1876 wurde die Holzbalkendecke zwischen dem ersten und dem zweiten Obergeschoss entfernt und eine umlaufende Empore eingebaut. Der Zugang erfolgte von außen über zwei Treppen im südlichen beziehungsweise östlichen Hof.

Die Erfurter Hebräischen Handschriften, die heute in diesem Raum ausgestellt werden, bezeugen durch ihren Umfang und das hohe Niveau ihrer Inhalte die Bedeutung der mittelalterlichen jüdischen Gemeinde. Aus dem 11. bis 14. Jahrhundert sind 15 Handschriften erhalten, so viele wie von keiner anderen Gemeinde im aschkenasischen Kulturraum, dem mitteleuropäischen jüdischen Traditionskreis. Neben vier Thorarollen sind unter anderem vier hebräische Bibeln überliefert sowie ein Machsor, ein Gebetbuch für Feiertage.

Die Handschriften gelangten vermutlich während des Pogroms in die Hände des Erfurter Rates. Einige Bücher verkaufte er kurz darauf, andere blieben bis zum 17. Jahrhundert im Besitz der Stadt. Wie sie schließlich in die Bibliothek des Evangelischen Ministeriums im Augustinerkloster gelangten, ist unklar. Das Ministerium verkaufte sie 1880 an die Königliche Bibliothek in Berlin, die heutige Staatsbibliothek zu Berlin.

Als Faksimile gezeigt wird eine Thora. Sie enthält die fünf Bücher Mose und ist auf Pergament geschrieben. Thorarollen sind der wichtigste und heiligste Besitz einer Gemeinde. Sie werden in der Synagoge im Thoraschrein aufbewahrt und nur während des Gottesdienstes herausgenommen. Nur zehn mittelalterliche Thorarollen sind aus Aschkenas überliefert, und die Erfurter ist eine der ältesten und größten.

Im ersten Obergeschoss werden die Erfurter Hebräischen Handschriften teils im Original, teils als Faksimile ausgestellt – unter anderem diese Thorarolle.

Daneben wird eine hebräische Bibel präsentiert, eine Handschrift aus dem 14. Jahrhundert. Sie umfasst zwei Bände, die jeweils 50 Kilo wiegen. Band 1 wird als Faksimile gezeigt, in Band 2 kann an einem Blättertisch virtuell geblättert werden. Der Bucheinband des zweiten Bandes dieser Bibel ist im Original in der Ausstellung zu sehen.

Darüber hinaus wird ein Machsor, auf Deutsch Zyklus, als Faksimile gezeigt. Er enthält Gebets- und Bibeltexte für die Feiertage des Jahreskreislaufs. Eine Sammelhandschrift mit Gutachten und Korrespondenzen von Rabbinern ist als Faksimile außerdem Teil der Ausstellung.

Ein besonderes Zeugnis für die rechtliche Stellung der Juden in Erfurt im Mittelalter ist der »Erfurter Judeneid« (Abb. siehe S. 15). Er entstand unter Erzbischof Konrad I. (um 1120–1200) und ist die älteste erhaltene schriftliche Eidesformel für Juden in deutscher Sprache. Mit ihr konnten sich Juden vor Gericht gegen Anklagen zu Wehr setzen, die von Christen gegen sie erhoben wurden.

→ Alte Synagoge, Waagegasse 8, 99084 Erfurt,
Tel.: 0361/6551608, E-Mail: altesynagoge.presse@erfurt.de,
Internet: www.alte-synagoge.erfurt.de

→ Anfahrt: mit der Stadtbahnlinie 3, 4 oder 6 bis zur Haltestelle »Fischmarkt / Rathaus«, von hier fünf Minuten zu Fuß

→ Parkplätze: Rathausgasse / Rathausparkplatz

→ Die Alte Synagoge ist dienstags bis donnerstags von 10 bis 17 Uhr und freitags bis sonntags von 11 bis 17 Uhr geöffnet.

→ Die Alte Synagoge Erfurt ist barrierefrei: Sämtliche Ausstellungsflächen sind über einen Aufzug zugänglich. Der Besucher wird mit einem (kostenfreien) Videoguide durch das Haus geführt. Über eine Hörschleife ist er auch für Hörgeschädigte nutzbar.
In Zusammenarbeit mit der Tourismus- und Marketing GmbH bietet die Alte Synagoge 90-minütige Führungen für Gruppen an, zudem ist eine Überblicksführung (60 Minuten) oder ein Paket-Angebot (Alte Synagoge und Mikwe; 120 Minuten) buchbar. Die Führungen werden auch auf Englisch, Russisch, Französisch oder Italienisch angeboten.
In Kooperation mit Kinderstadtführung Erfurt werden Kinder und Jugendliche zur interaktiven Führung »Drache Fridel packt aus« mit dem Museumskoffer eingeladen.

Die mittelalterliche Erfurter Mikwe, errichtet im 13. Jahrhundert

Mittelalterliche Mikwe

Ritus

Eine Mikwe ist ein jüdisches Tauchbad, das der rituellen Reinigung dient. Neben der Synagoge und dem Friedhof gehört sie zu den wichtigsten Einrichtungen einer jüdischen Gemeinde. Jüdinnen und Juden nutzen die Mikwe, wenn sie mit Toten, etwa bei der Vorbereitung einer Bestattung, mit Blut oder anderem in religiösem Sinne Unreinen in Kontakt gekommen waren.

Frauen tauchen nach der Menstruation und nach Geburten im Bad unter, bevor sie das Bett mit ihren Ehemännern teilen. Aber auch Männer nutzen das Tauchbad, etwa vor hohen Feiertagen. Eine körperliche Reinigung erfolgt vor dem Untertauchen. Heute ist die Nutzung von Mikwen individuell – strenggläubige Jüdinnen und Juden gehen regelmäßig, andere seltener oder gar nicht in die Mikwe.

Eine Mikwe wird von »lebendigem«, das heißt fließendem Wasser gespeist. Im Mittelalter verwendete man ausschließlich Quell- oder Grundwasser, da das Flusswasser damals zu schmutzig war. Aber auch Grundwasser war in der Nähe der Gera ausreichend vorhanden. Im ganzen Jahr war das Wasser gleichbleibend etwa 10 bis 11 Grad kalt, weshalb die Mikwe auch als »Kaltes Bad« bezeichnet wird. Noch heute funktioniert die Wasserversorgung im Becken. Der Wasserstand ist jedoch viel niedriger als im Mittelalter. Damals hatte man vollständig untertauchen können, während das Wasser heute nur noch knöcheltief ist: Als Ende des 19. Jahrhunderts ein Flutgraben um die Stadt gebaut wurde, war der Grundwasserspiegel abgesunken.

Bau- und Nutzungsgeschichte

Schriftquellen zur Erfurter Mikwe reichen zurück bis in die Mitte des 13. Jahrhunderts. Sie belegen, dass die jüdische Gemeinde für das Bad und für das Grundstück Abgaben zahlen musste, zunächst an den Bischof, später an die Stadt Erfurt. Aus den mittelalterlichen Steuerlisten erfahren wir, dass die Umgebung der Mikwe dicht bewohnt war. Wie überall im jüdischen Quartier lebten auch hier Juden und Christen nachweislich Tür an Tür.

Wohl schon im 12. Jahrhundert besaß die jüdische Gemeinde eine Mikwe. Von ihr besteht heute lediglich noch die Südwand. An diese Wand angelehnt, wurde im 13. Jahrhundert ein neuer Mikwenbau errichtet, der bis heute in großen Teilen erhalten ist.

An einem in der zweiten Bauphase zweitverwendeten Sandsteinquader wurde 2010 diese kleine Plastik entdeckt.

Durch ein Fenster im Dach des Schutzbaus kann man in das jüdische Ritualbad hineinblicken.

Das Gebäude war etwa neun Meter lang und im Innern knapp drei Meter breit. Die Mauern sind von außergewöhnlich guter Qualität. Gewölbe und oberer sowie unterster Teil der Wände bestehen aus in gleichmäßigen Lagen gemauerten Kalksteinen. Die Nordwand weist eine Lichtnische auf. Der Zugang zur Mikwe erfolgte über eine Treppe von Westen. Die Abdrücke ihrer Stufen haben sich an der Nordwand erhalten.

Das Wasserbecken befindet sich am Gebäudeende, in unmittelbarer Flussnähe, auf der kompletten Breite. Auffallend ist ein Wechsel im Mauerwerk. Im Beckenbereich sind auf Höhe des mittelalterlichen Grundwasserstandes in mehreren Lagen ausschließlich große Sandsteinquader verbaut, wie sie sonst in keinem Erfurter Keller zu finden sind. Sie stammen wohl vom Vorgängerbau.

Der Pogrom von 1349 hinterließ deutliche Spuren am Gebäude. Offensichtlich wurde die Mikwe, wie viele Gebäude im jüdischen Viertel, massiv beschädigt. Man erkennt in der Nordwand eine deutliche Fuge, die auf Reparatur und Wiederaufbau hindeutet. Die 1354 neu gegründete jüdische Gemeinde nutzte das Bad wieder.

An einem in der zweiten Bauphase zweitverwendeten Sandsteinquader wurde 2010 eine kleine Plastik entdeckt. Dabei handelt es sich um den äußerst qualitätvoll gearbeiteten Kopf eines jungen, bartlosen Mannes, der eine Lilienkrone trägt. Stilistisch kann dieses Bildnis in die erste Hälfte des 12. Jahrhunderts datiert werden. Da die

Herkunft des Sandsteinquaders unklar ist, muss auch die Deutung der Darstellung offen bleiben.

Nach der Vertreibung der Erfurter Juden 1453 wurde das Wasserbecken verfüllt und die Mikwe in einen Keller umgewandelt. Im Jahr 1472 zerstörte ein Stadtbrand das dazugehörige Haus. Danach wurden Nord- und Westwand abgebrochen und vor dem Schutt im westlichen Teil eine Zwischenwand eingezogen. So konnte der Raum weiter als Keller genutzt werden, mit einem neuen Zugang durch die Ostwand. Ab 1495 wurde der Friedhof der Benediktikirche über die Westhälfte der ehemaligen Mikwe ausgeweitet. Das Haus selbst stand noch bis in die 1960er-Jahre, danach wurde hier eine Grünfläche angelegt.

In der ersten Jahreshälfte 2011 wurde durch das Architekturbüro gildehaus.reich Weimar ein moderner Schutzbau für das mittelalterliche Gebäude errichtet; im September öffnete die museale Präsentation der Mikwe dann für Besucher. Der Schutzbau lässt durch ein Fenster in seinem Dach zu jeder Tages- und Nachtzeit einen Einblick in das mittelalterliche Tauchbad zu. Außerdem findet der Besucher Informationstafeln, die ihm Hintergrundinformationen zu dem Bau, seiner rituellen Nutzung und der Grabungsgeschichte liefern. Als wichtiger Bestandteil des mittelalterlichen jüdischen Erbes ist die Mikwe eine Komponente der UNESCO-Bewerbung der Stadt Erfurt.

→   Kreuzgasse, 99084 Erfurt

→   Kontakt: Alte Synagoge, Waagegasse 8, 99084 Erfurt,
    Tel.: 0361/6551666, E-Mail: altesynagoge.presse@erfurt.de,
    Internet: www.alte-synagoge.erfurt.de

→   Anfahrt: mit der Stadtbahnlinie 3, 4 oder 6 bis zur Haltestelle »Fischmarkt/
    Rathaus«, von hier fünf Minuten zu Fuß in Richtung Krämerbrücke

→   Parkplätze: Rathausgasse/Rathausparkplatz

→   Besichtigungen des Ritualbads sind im Rahmen von Führungen möglich.
    Hierzu können sich die Besucher einer öffentlichen Führung anschließen.
    Außerdem sind Gruppenführungen buchbar – entweder in Kombination mit
    einer Führung durch die Alte Synagoge (120 Minuten) oder als separate
    Führung zur Mikwe (45 Minuten).
    Daneben bietet der Verein »StattReisen Erfurt – Geschichten am Wege«
    eine 60 Minuten lange Führung durch die Alte Synagoge und die Mikwe an.
    Diese Führungen finden einmal pro Monat, an einem Samstag um 16 Uhr,
    auch als öffentliche Tour statt. Führungen für Kinder und Jugendliche
    (45 Minuten) bietet Kinderstadtführung Erfurt an.

Mittelalterlicher jüdischer Friedhof

Am Moritztor, an der heutigen Ecke Moritzstraße / Große Ackerhofsgasse, lag im Mittelalter der Friedhof der jüdischen Gemeinde von
Erfurt. Er befand sich außerhalb des von Juden bewohnten Gebietes,
wie es der Glaube vorschreibt. Aufgrund der Weisung, dass sich die
Lebenden nicht mit den Toten innerhalb der Stadtmauern aufhalten
dürfen, nutzte die jüdische Gemeinde in Erfurt den Zwingerbereich
der Stadtmauer in der Nähe des Moritztores als Ort für den jüdischen
Friedhof. Der jüdische Glaube gibt zudem vor, dass Friedhöfe nicht –
wie etwa im christlichen Kontext üblich – aufgehoben oder Gräber
neu vergeben werden dürfen.

Seit wann der Friedhof bestand, kann nicht genau bestimmt werden. Es ist aber wahrscheinlich, dass hier seit der Anfangszeit der Gemeinde bestattet wurde. Die ältesten noch heute erhaltenen Grabsteine stammen aus dem 13. Jahrhundert. Der Friedhof wurde auch
von der zweiten mittelalterlichen Gemeinde – nach dem Pogrom
von 1349 und der Wiederansiedlung von Juden in Erfurt ab 1354 –
genutzt.

Erst nach der Ausweisung der Erfurter Juden durch den Stadtrat im
Jahr 1453 wurde der Friedhof eingeebnet und an seiner Stelle eine
städtische Scheune und später der große Kornspeicher errichtet. Für
gläubige Juden – für die die Grabesruhe von zentraler Bedeutung ist –
stellt eine solche Friedhofsauflösung die Verletzung eines Tabus dar.
Die Grabsteine wurden als Baumaterial im gesamten Stadtgebiet
verwendet. Bis heute können sie in Gebäuden oder im Straßenbelag
aufgefunden werden. Beispielsweise wurden 2011/12 auf dem Gelände zwischen der Andreasstraße, der Großen Ackerhofsgasse und der

*Drei Grabsteine des mittelalterlichen jüdischen Friedhofs werden im Innenhof
der Alten Synagoge ausgestellt.*

Der Grabstein der Jutta stammt aus dem 13. oder 14. Jahrhundert und wurde in der Allerheiligenstraße gefunden. Heute wird er im Innenhof der Alten Synagoge ausgestellt.

Moritzstraße bei Bauarbeiten mehr als 20 jüdische Grabsteine gefunden. So stieg die Anzahl der in Erfurt erhaltenen Grabsteine des mittelalterlichen jüdischen Friedhofs auf insgesamt 58, wobei diese meist nur in Fragmenten überliefert sind. Unter den zuletzt gefundenen befand sich der älteste erhaltene Grabstein aus Erfurt: Er wurde im Jahr 1259 für die verstorbene Jüdin Dolze (oder auch Dolce) errichtet. Eine Auswahl dieser mittelalterlichen Steine wird im Hof der Alten Synagoge gezeigt.

Vom Friedhof sind vor Ort keine historischen Überreste zu sehen. Am ehemaligen Standort steht heute noch der große Kornspeicher, der im späten 15. Jahrhundert errichtet wurde.

→ Moritzstraße / Ecke Große Ackerhofsgasse, 99084 Erfurt

→ Anfahrt: mit der Stadtbahnlinie 3 oder 6 bis zur Haltestelle »Webergasse / Andreaskirche«, von hier acht Minuten zu Fuß

→ Parkplätze: Kurzzeitparken in der Umgebung

→ Drei der Grabsteine sind im Innenhof der Alten Synagoge ausgestellt. Zudem empfiehlt sich ein virtueller Rundgang über den Friedhof auf der Internetseite des Netzwerks »Jüdisches Leben Erfurt«: www.alte-synagoge.erfurt.de.

Standort der zweiten mittelalterlichen Synagoge

Der Pogrom von 1349 vernichtete die jüdische Gemeinde. Jüdischer Besitz wurde Eigentum der Stadt – so auch die Alte Synagoge. Diese wurde an einen Kaufmann verkauft und in ein Lagerhaus umgebaut. Wenige Jahre nach dem Pogrom ließen sich erneut Juden in Erfurt nieder. Der Rat förderte diese Ansiedlung, indem er ab 1355 an der Gera zwei Reihenmietshäuser und 1357 auch eine neue Synagoge errichten ließ. Heute lässt sich am Stadtplan die alte Siedlungsstruktur nur noch in geringen Teilen erkennen. Lediglich die Grundstücksgrößen der zweiten Gemeinde haben sich erhalten. Am Gera-Ufer befindet sich jetzt die Synagoge aus dem 19. Jahrhundert.

Die zweite mittelalterliche Synagoge, die unmittelbar daneben gestanden hätte, wurde nach der erneuten Vertreibung der jüdischen Erfurter zunächst als Zeughaus umgenutzt. Ein großer Stadtbrand von 1736 vernichtete das Gebäude. So ist von der zweiten mittelalterlichen Synagoge im heutigen Stadtbild nichts zu erkennen. Heute befinden sich am ehemaligen Standort, dem Bereich zwischen der Kleinen Synagoge und dem Rathausparkplatz, Garagenbauten. Der Standort der Mietshäuser, die sich an der Gera entlangzogen, ist hier jedoch noch zu erkennen. Das graue Nachbarhaus der Kleinen Synagoge, das Haus »An der Stadtmünze 4«, zeigt in seinen Umrissen die Gestalt der ehemaligen Bebauung.

→ An der Stadtmünze/Rathausparkplatz, 99084 Erfurt

→ Anfahrt: mit der Stadtbahnlinie 3, 4 oder 6 bis zur Haltestelle »Fischmarkt/ Rathaus«, von hier aus hinter das Rathaus zum Rathausparkplatz und der Beschilderung »Kleine Synagoge« folgen

→ Parkplätze: Rathausgasse/Rathausparkplatz

Constantin Beyer (1761–1829), »Der ehemalige Juden-Tempel zu Erfurt«, ohne Datierung, Angermuseum Erfurt

Die jüdische Gemeinde errichtete die Kleine Synagoge 1840.
Der klassizistische Bau liegt direkt am Fluss Gera.

Kleine Synagoge
Baugeschichte

Die Kleine Synagoge war das Gotteshaus der jüdischen Gemeinde. Sie entstand, als sich zu Beginn des 19. Jahrhunderts wieder Juden in Erfurt ansiedeln durften. Mit dem Anwachsen der Gemeinde und dem Bau der Großen Synagoge wurde das Gebäude profaniert. Seit 1998 befindet sich hier eine Begegnungsstätte.

Wegen des jahrhundertelangen Ansiedlungsverbots, das 1453 durch den Rat der Stadt ausgesprochen worden war, konnten Juden erst zu Beginn des 19. Jahrhunderts nach Erfurt zurückkehren. Seit 1806 nutzten die jüdischen Neuansiedler ein privates Wohnhaus für gemeinsame Gottesdienste, das sich bereits am heutigen Standort An der Judenschule Nr. 10 (später Nr. 2433; heute: An der Stadtmünze 4–5) befand und schon 1817 als »Juden-Bethaus« erwähnt wurde. Im Jahr 1823 erwarb der Vorsitzende der jüdischen Gemeinde, Dr. Ephraim Salomon Unger, das Haus und ließ es zum Bethaus ausbauen. Bereits 1838 sperrte man das Haus aufgrund von Baufälligkeit wieder und veranlasste einen Neubau.

Unter Einbeziehung des vorhandenen Kellers entstand das heute als Kleine Synagoge bekannte Gotteshaus, und am 10. Juli 1840 wurde es feierlich eingeweiht. Im klassizistischen Stil baute man ein zweigeschossiges Haus mit Walmdach, einem Betsaal mit Thoraschrein, einer Frauenempore und einem Wohnbereich.

Mit dem stetigen Anwachsen der Gemeinde wurde die Synagoge bald zu klein, darum erbaute die Gemeinde im Jahr 1884 die Große Synagoge am Kartäuserring. In einer feierlichen Prozession durch die Stadt überführte man die Thorarollen in die neue Synagoge. Die Gemeinde verkaufte die bisherige Synagoge im darauffolgenden Jahr an den Kaufmann C. C. Römpler. Er ließ das Gebäude stark verändern: Auf der Empore wurden Zwischenwände für Wohnräume errichtet und im Saal eine Zwischendecke eingezogen. Die ehemalige Synagoge diente nun als Fasslager und Produktionsgebäude für Essenzen und Spirituosen.

Nachdem das Gebäude in städtischen Besitz übergegangen war, baute man 1918 Wohnungen ein. Bis 1993 wurde der Bau profan genutzt. Durch diese Veränderungen und Umnutzungen war die ehemalige Synagoge als solche nicht mehr erkennbar und entging wohl auch deshalb einer Zerstörung im Nationalsozialismus.

Wiederentdeckung und Sanierung

Durch die profane Nutzung waren Funktion und Bedeutung des Gebäudes fast vollständig in Vergessenheit geraten. Erst in den späten 1980er-Jahren begann man in Erfurt, wieder auf die Synagoge aufmerksam zu werden. Parallel zur Erforschung der Baugeschichte wurden erste Pläne für eine zukünftige Nutzung des Gebäudes erarbeitet. 1992 wurde die Kleine Synagoge unter Denkmalschutz gestellt. Im selben Jahr verabschiedete der Erfurter Stadtrat ein erstes Konzept zur Einrichtung einer Begegnungsstätte an diesem außergewöhnlichen Ort.

Anschließend konnte die Kleine Synagoge restauriert werden. Dabei wurde angestrebt, außen wie innen den originalen Zustand weitgehend wiederherzustellen. Unter den Verschalungen im Betsaal hatten sich glücklicherweise sowohl die Frauenempore als auch der Thoraschrein erhalten, sodass sich heute der Innenraum in nahezu ursprünglichem Zustand zeigt. Am 9. November 1998 fand die feierliche Eröffnung der Begegnungsstätte Kleine Synagoge statt.

Die Begegnungsstätte entwickelte sich zu einem lebendigen Ort. Zahlreiche Veranstaltungen finden hier statt: Workshops für Kinder und Jugendliche, Schulklassenprogramme, Lesungen, Konzerte und Theateraufführungen.

Zu den wichtigen jüdischen Feiertagen finden in der Kleinen Synagoge Workshops für Kinder statt.

Die Mikwe

Mit dem Bau der Kleinen Synagoge wurde in deren Keller ein jüdisches Tauchbad, eine Mikwe, errichtet. Eine Mikwe gehört mit Synagoge und Friedhof zu den wichtigsten Bestandteilen einer jüdischen Gemeinde.

Der weibliche Zyklus, die Sexualität, die Hochzeit, die Geburt, die Berührung mit dem Tod, der Sabbat, bedeutende Feiertage und schließlich auch der Übertritt zum Judentum erfordern in der jüdischen Tradition einen Besuch der Mikwe. In einem traditionell geführten jüdischen Frauenleben fällt der erste Besuch der Mikwe auf den Tag vor der Hochzeit. Streng religiöse Frauen tauchen nach der Menstruation in der Mikwe unter, bevor sie das Bett mit ihren Ehemännern teilen. Gläubige Männer besuchen die Mikwe je nach religiöser Ausrichtung vor hohen Feiertagen, dem Sabbat oder gar vor jedem Morgengebet.

Bereits im 19. Jahrhundert veränderte sich die strikte Befolgung der religiösen Regeln mit dem Aufkommen des Reformjudentums. Heute ist die Nutzung einer Mikwe höchst individuell – streng gläubige Jüdinnen und Juden gehen regelmäßig, andere seltener oder gar nicht in die Mikwe.

Vor dem Besuch der Mikwe reinigen sich Jüdinnen und Juden rückstandslos. Denn vor dem Untertauchen in der Mikwe legt man alles Körperfremde ab, also Kleidung und Schmuck, aber auch Schmutz und Staub. Der Akt der rituellen Reinigung besteht im Untertauchen des ganzen Körpers in »lebendigem«, das heißt in fließendem Wasser. Die Mikwe in der Kleinen Synagoge wurde vom Flusswasser der Gera gespeist.

Bis zur Sanierung der Kleinen Synagoge war die Mikwe in der Kleinen Synagoge verfüllt gewesen. Bauakten aus dem 19. Jahrhundert verrieten jedoch, dass es im Keller ein »Frauenbad« gegeben hatte: Die Anlage war mit Stufen in den Bauplänen eingezeichnet. Bei einer Schachtung in diesem Bereich wurde 1994 die aus Sandstein gemauerte Mikwe freigelegt. Sieben Stufen führen zum Becken hinab, das eine Tiefe von 1,42 Metern und ein Fassungsvermögen von etwa 520 Litern hat. In der Ostwand befinden sich zwei Rohröffnungen, möglicherweise führten Wasserleitungen zur Gera oder der Kesselanlage in der Nordost-Ecke. Hier sind auf den Bauzeichnungen zwei Wasserkessel sichtbar. Der eine diente wohl als Sammelbecken für das gepumpte Wasser, der andere als Heizkessel – denn im 19. Jahrhundert war ein gewisser Anteil von erwärmtem Wasser in der Mikwe erlaubt.

Ob die Mikwe bei der Errichtung der Synagoge im Jahr 1840 entstand oder schon Teil des Vorgängerbaus war, ist heute nicht mehr zu belegen.

Dauerausstellung: Jüdisches Leben in Erfurt im 19. und 20. Jahrhundert

Die kleine Ausstellung im Kellergeschoss der Kleinen Synagoge ist der Geschichte der dritten jüdischen Gemeinde zu Erfurt im 19. und im 20. Jahrhundert gewidmet. Rund 350 Jahre nach ihrer Vertreibung waren um 1800 wieder Juden nach Erfurt zurückgekehrt. David Salomon Unger erhielt 1810 als erster Jude seit 1453 das städtische Bürgerrecht. Sein Sohn Ephraim Salomon Unger wurde 1860 zum Ehrenbürger der Stadt Erfurt ernannt. Exemplarisch werden weitere namhafte Personen vorgestellt, von der Periode der Integration und Assimilierung über antisemitische Anfeindungen vor der Machtübertragung an die NSDAP und die systematische Auslöschung der jüdischen Gemeinde ab 1933 bis zur Wiederbelebung der Synagogengemeinde im Frühsommer 1945.

Die Geschichte der Gemeinde spiegelt sich in ihren Synagogen wider. In der Ausstellung werden drei Synagogen vorgestellt: die Kleine Synagoge (1840) mit Mikwe, die Große Synagoge (1884) und die Neue Synagoge (1952).

Zwei kleine Chanukka-Leuchter und eine Menora, die im 18. beziehungsweise im 19. Jahrhundert in Erfurt Verwendung fanden, erzählen ihre eigenen Geschichten. Auch über die Rituale des Judentums erfahren die Besucher in der Ausstellung.

Die Dauerausstellung zeigt unter anderem Rituale im Judentum,
so auch einen traditionell gedeckten Sabbattisch.

Bibliothek

Mit gut 2.000 Titeln im Bestand kann sich die Bibliothek nicht mit großen öffentlichen Sammlungen vergleichen. Sie macht dennoch dem Namen Begegnungsstätte Kleine Synagoge alle Ehre. Inhaltlich orientiert sich die Bibliothek an den Facetten des jüdischen Lebens. Kultur, Religion und Geschichte gehören zu den Fachbereichen. Die Abteilung mit dem größten Bestand ist die Belletristik. Für Gäste, die zum Lesen verweilen möchten, gibt es eine Rückzugsmöglichkeit. Die Ausleihe der Bücher ist kostenlos.

→ An der Stadtmünze 4–5, 99084 Erfurt

→ Empfang in der Kleinen Synagoge Erfurt, Tel.: 0361/6551661,
  Tel.: 0361/6551666, Fax: 0361/655551666

→ Anfahrt: mit der Stadtbahnlinie 3, 4 oder 6 zur Haltestelle »Fischmarkt /
  Rathaus«, von hier aus hinter das Rathaus zum Rathausparkplatz und
  der Beschilderung »Kleine Synagoge« folgen

→ Parkplätze: Rathausgasse / Rathausparkplatz

→ Geöffnet dienstags bis donnerstags 11 bis 17 Uhr,
  freitags bis sonntags 12 bis 17 Uhr sowie im Rahmen von Veranstaltungen

In der Begegnungsstätte Kleine Synagoge finden zahlreiche Veranstaltungen wie Konzerte, Vorträge und Lesungen statt.

Alter jüdischer Friedhof

Unterhalb des Ega-Parks, zwischen den Häusern Cyriakstraße 3 und 4, befindet sich der Alte jüdische Friedhof. Als sich im 19. Jahrhundert wieder eine Gemeinde in Erfurt entwickelte, hatte man hier 1811 den ersten Begräbnisplatz angelegt.

Weil die Gemeinde schnell anwuchs, erwies sich die Friedhofsfläche als zu klein für weitere Bestattungen. Seit der Eröffnung des Neuen jüdischen Friedhofs im Jahr 1878 werden Mitglieder der jüdischen Gemeinde dort bestattet.

Da nach jüdischem Glauben die Totenruhe ewig währt, blieb der Alte jüdische Friedhof auch nach der Schließung bestehen. Doch die Ruhe der Toten wurde mit dem Erstarken des Antisemitismus im 20. Jahrhundert zunehmend gestört. Schon 1926, in der Nacht vom 12. auf den 13. März, verwüsteten »Wiking-Bund«-Mitglieder den Friedhof

Am Alten jüdischen Friedhof erinnert ein Gedenkstein
an die Bedeutung des Ortes.

und zerstörten 95 Grabsteine. In der Pogromnacht vom 9. zum 10. November 1938 wurde der Friedhof erneut geschändet. In der Stadtratssitzung am 17. November 1938 schlug Ratsmitglied Waldemar Heinemann vor, den alten Judenfriedhof an der Cyriakstraße einzuebnen. Die jüdische Gemeinde musste am 6. April 1939 das Friedhofsgrundstück unentgeltlich der Stadt Erfurt überlassen, 1944 wurden die Grabsteine abgeräumt.

Im Jahr 1948 wurde das Grundstück an den Landesverband der jüdischen Gemeinden zurückübertragen. Doch schon ab 1950 bemühte sich die Stadt, das Gelände zu erwerben, um eine öffentliche Grünfläche anzulegen. 1951 verkaufte die jüdische Gemeinde das Areal an die Stadt Erfurt – wohl unter Druck. Anfang der 1960er-Jahre wurden hier Garagen für die Fahrzeuge der Staatsanwaltschaft des Bezirks Erfurt errichtet. Ihre Fundamente bestanden auch aus Resten jüdischer Grabsteine. Dieser Zustand war für gläubige Juden unerträglich, wie der damalige Vorsitzende der jüdischen Gemeinde, Raphael Scharf-Katz, es 1989 in einem Brief formulierte. Trotzdem wurde noch 1995 der Bau eines Trafo-Hauses auf der Friedhofsfläche genehmigt.

Zur Erinnerung an den Friedhof wurde 1996 zunächst ein Gedenkstein errichtet. Seit 2000 war im Gespräch, den Friedhof wieder sichtbar zu machen, an der Realisierung wurde seit 2007 gearbeitet: Die Garagen sind inzwischen abgerissen und das Gelände beräumt. In der Neugestaltung wurde das Friedhofsareal von der Grünfläche abgetrennt. Neben dem Gedenkstein fanden auf dem Friedhof die von hier stammenden Grabsteine ihren Platz, die zum Teil auf dem Neuen jüdischen Friedhof in Sicherheit gebracht worden waren.

→   Cyriakstraße, 99094 Erfurt
→   Anfahrt: mit der Stadtbahnlinie 2 oder 4 zur Haltestelle »Gothaer Platz«
→   Parkplätze: Bonemilchstraße
→   Der Friedhof ist heute ein öffentlich zugängliches Gelände.

Die Große Synagoge wurde 1884 von der jüdischen Gemeinde eingeweiht.
In der Pogromnacht von 1938 brannten Nationalsozialisten sie nieder.

Neue Synagoge

Die Neue Synagoge, das Gotteshaus der heutigen jüdischen Gemeinde, wurde 1952 geweiht. Sie steht an dem Standort, an dem die jüdische Gemeinde im 19. Jahrhundert die Große Synagoge hatte errichten lassen. Diese war von 1884 bis 1938 Gotteshaus der jüdischen
Gemeinde und Zentrum des Gemeindelebens gewesen.

SA-Mannschaften plünderten die Große Synagoge in der Nacht
vom 9. zum 10. November 1938 und setzten sie in Brand. Übergriffe
auf Geschäfte und Wohnungen, Verwüstungen in der Trauerhalle auf
dem Neuen jüdischen Friedhof und die Schändung des alten Friedhofs gingen einher mit der Misshandlung verhafteter jüdischer Männer. Die Turnhalle der Oberrealschule in der Meyfartstraße diente in
jener Nacht als Sammelpunkt für annähernd 200 Männer, die dann
in das KZ Buchenwald verschleppt wurden. Am 6. April 1939 gingen
sämtliche Grundstücke der ehemaligen Synagogengemeinde in das
Eigentum der Stadt Erfurt über.

1932 lebten in Erfurt 1.290 Einwohner mit jüdischem Glaubens-
bekenntnis. Nach der Übertragung der Macht an die deutschen Fa-
schisten erfassten die Volkszählungen im Juni 1933 noch 831 Erfurter Juden, im Mai 1939 nur noch 263. Die Mitglieder der Erfurter
Synagogengemeinde und darüber hinaus alle als Juden geltenden
Menschen wurden ausgegrenzt, verfolgt, ausgeraubt, zur Flucht und
in den Freitod getrieben. Die systematische Auslöschung der jüdischen Gemeinde ging mit Zwangsarbeit, Polizei- und KZ-Haft sowie
Deportation in die Ghettos und Vernichtungslager im Osten einher.

Etwa 15 Gemeindemitglieder, die im Juni 1945 aus dem Ghetto
Theresienstadt zurückgekehrt waren, fanden sich mit anderen zusammen, um die Gemeinde wieder ins Leben zu rufen. Ihr erster Vorsitzender nach dem Krieg war Max Cars. Das Gemeindeleben fand in
gemieteten Räumen am Anger 30/32 statt. Zunächst wuchs die Gemeinde durch Zuzug aus anderen Gebieten, zumeist aus Mittelosteuropa, rasch an. Gleichzeitig wanderten Gemeindemitglieder in das
gerade gegründete Israel aus.

Im Jahr 1946 stellte der Gemeindevorstand an die Stadt Erfurt eine
erste Anfrage zur Rückgabe des Grundstücks, auf dem bis 1938 die
Große Synagoge gestanden hatte. Nach einem Ratsbeschluss vom
20. März 1947 erhielt die Gemeinde das Gelände zurück und arbeitete
an den Plänen für den Bau einer neuen Synagoge. Der erste Entwurf des Architekten Willy Nöckel von 1948 wurde 1950 mit der Be-

*1952 wurde am Standort der zerstörten Großen Synagoge
die Neue Synagoge eingeweiht.*

gründung abgelehnt, dass sich der Bau mit einem runden Betraum nicht in die städtebaulichen Verhältnisse einfüge (zu »groß«, zu »sakral«). Erst einen dritten Entwurf des Architekten von 1951, der diese Vorbehalte berücksichtigte, genehmigte die Stadt. Das weniger hohe und sehr schlichte Gebäude wurde am 31. August 1952 eingeweiht. Die Erfurter Synagoge blieb der einzige reine Synagogenneubau nach dem Zweiten Weltkrieg auf dem Gebiet der DDR.

Kurz nach der Einweihung der Neuen Synagoge begann die Gemeinde jedoch zu schrumpfen. Etwa zwei Drittel aller in der DDR lebenden Juden verließen ihre Heimat vor dem Hintergrund des Prager Slánský-Prozesses beziehungsweise der in diesem Zusammenhang stehenden Vorgänge in der DDR gegen sogenannte zionistische Agenten. In einem Schauprozess 1952 in Prag wurden jüdische Intellektuelle als »zionistische Agenten« angeklagt und zum Tode verurteilt. In Thüringen überlebte nur die jüdische Gemeinde in Erfurt, die Gemeinden in Eisenach, Gera und Mühlhausen lösten sich auf.

Seit 1990 verzeichnet Erfurt eine deutlich gestiegene Zahl jüdischer Einwohner, hauptsächlich durch Zuwanderungen aus den Staaten der ehemaligen Sowjetunion. Heute hat die Jüdische Landesgemeinde Thüringen mehr als 800 Mitglieder, darunter etwa 550, die in Erfurt leben. Der Vorsitzende der Religionsgemeinschaft ist Wolfgang M. Nossen. Im Herbst 2010 kam mit dem Rabbiner Konstantin Pal einer der ersten nach dem Zweiten Weltkrieg in Deutschland ordinierten Rabbiner nach Erfurt. Er betreut die gesamte Jüdische Landesgemeinde Thüringen.

Die Neue Synagoge bildet damit erneut den Mittelpunkt einer lebendigen Gemeinde. Hier werden unter anderem die wöchentlichen Sabbat-Gottesdienste gefeiert, die auch nichtjüdischen Besuchern offenstehen.

→ Juri-Gagarin-Ring 16, 99084 Erfurt,
   Tel.: 0361/5624964, E-Mail: jlgthuer@freenet.de
→ Anfahrt: mit dem Stadtbus Nummer 51 zur Haltestelle »Löberstraße«
→ Parkplätze: direkt vor der Synagoge sowie in den Straßen
   in der näheren Umgebung
→ Freitags beginnt der Sabbat-Gottesdienst je mit Einbruch der Dunkelheit,
   weswegen sich der Beginn des Gottesdienstes im Laufe des Jahres verschiebt.
   Der Beginn des Gottesdienstes ist direkt bei der jüdischen Gemeinde zu
   erfragen.

Wolfgang Nossen ist Vorsitzender der Jüdischen Landesgemeinde Thüringen.
Auf dem Bild hält er einen Tallit, einen Gebetsmantel.

Neuer jüdischer Friedhof

Die Gemeinde, die sich Anfang des 19. Jahrhunderts in Erfurt gründete, bestattete ihre Toten zunächst auf dem Alten jüdischen Friedhof in der Cyriakstraße. Da nach jüdischem Glauben die Totenruhe ewig währt, werden Gräber nicht wie in der christlichen Kultur nach einer bestimmten Anzahl an Jahren aufgehoben. Dies und das schnelle Anwachsen der Erfurter jüdischen Gemeinde im 19. Jahrhundert führten dazu, dass sich die Friedhofsfläche als zu klein für weitere Bestattungen erwies. Eine Erweiterung war aus städtebaulichen Gründen nicht möglich.

In Abstimmung mit der Stadt Erfurt suchte die jüdische Gemeinde deswegen nach einem neuen Gelände, das sie für Bestattungszwecke ankaufen konnte. Der Vorschlag, einen Teil des Südfriedhofs zu nutzen und dort ein eigenes jüdisches Gräberfeld anzulegen, wurde geprüft. Doch erwies sich die dortige Fläche im Hinblick auf die einmalige Belegung und die ewige Grabesruhe als zu klein.

Im Süden der Stadt, bei der heutigen Thüringenhalle, fand man im Jahr 1871 ein geeignetes Gelände, das groß genug war, alle Anforderungen zu erfüllen. Doch bei der Einrichtung des Friedhofs stieß die Gemeinde auf Widerstände: Der Eigentümer des Nachbargrundstücks, das Bürgerschützenkorps, reichte eine Beschwerde beim Magistrat der Stadt Erfurt ein und monierte, dass sich der Friedhof gesundheitsschädigend auf seine Mitglieder auswirken würde. Die Argumentation des Bürgerschützenkorps trägt antijüdische Züge, dies war aber zu dieser Zeit kein Einzelfall in Erfurt.

Nach einem längeren Verhandlungsprozess und einem sanitätspolizeilichen Gutachten, welches befand, dass durch den Friedhof keine Grundwasserverunreinigung zu befürchten sei, konnte der Neue jüdische Friedhof angelegt werden. Am 10. September 1878 wurde er feierlich eröffnet. Auch ein offizieller Vertreter des Magistrats war zugegen. Wegen eines plötzlichen Todesfalls hatte die Eröffnung vorverlegt werden müssen. So wurde an diesem Tag zugleich die erste Bestattung auf dem Friedhof vollzogen.

Seitdem finden dort die Bestattungen der jüdischen Gemeinde statt. Der Neue jüdische Friedhof in Erfurt ist der einzige in Thüringen, der noch belegt wird. Er beherbergt Grabsteine vom 19. Jahrhundert bis heute. 1894 hatte die Gemeinde eine Leichenhalle auf dem Friedhof errichtet, sie ist bis heute zu sehen. Hier wird die Leichenwaschung vollzogen: Nach der körperlichen Reinigung des Körpers erfolgt die rituelle Waschung, die Tahara. Hierbei wird der Leichnam mehrfach mit Wasser übergossen, während man verschiedene Verse aus den Psalmen und aus dem Hohenlied spricht. Danach kleidet man den Leichnam in ein weißes, schlichtes Totengewand.

Der Architekt der Leichenhalle war Baumeister Hugo Hirsch. Er schuf einen funktionsgerechten Bau im orientalischen Stil mit neoklassizistischen Elementen.

→ Werner-Seelenbinder-Straße / Ecke »An der Thüringenhalle«, 99096 Erfurt

→ Anfahrt: mit der Stadtbahnlinie 1 bis zur Haltestelle »Thüringenhalle«

→ Parkplätze: P & R Thüringenhalle

→ Montags bis donnerstags 8–16 Uhr, freitags 8–15 Uhr, samstags geschlossen, sonntags 8–16 Uhr

→ Der Friedhof ist an den hohen jüdischen Feiertagen geschlossen. Männliche Besucher werden um eine Kopfbedeckung gebeten.

Der Neue jüdische Friedhof wurde Ende des 19. Jahrhunderts angelegt.
Der Alte jüdische Friedhof war zu klein geworden.

Einweihung einer DenkNadel mit Wolfgang Nossen, Vorsitzender der Jüdischen Landesgemeinde, und Ines Beese, Leiterin der Alten und Kleinen Synagoge

ErfurterGeDenken
1933.1945

Dr. Hilde Spier, 1901 – 1942
deportiert am 2. September 1942, Auschwitz

Carl Ludwig Spier, 1900 – 1945
Todesmarsch nach Buchenwald

Die Aufschrift auf der DenkNadel gibt die Lebensdaten der Ermordeten wieder.

Entstehungsgeschichte

Anfang 2007 luden die Arbeitsgemeinschaft Erfurt der Deutsch-Israelischen Gesellschaft und die Evangelische Erwachsenenbildung Thüringen zu einem Arbeitskreis ein, um die Installation von Erinnerungszeichen an die in der Shoa deportierten und ermordeten Erfurter Bürger auf den Weg zu bringen.

Ästhetisch anspruchsvolle Objekte des Gedenkens sollten Einzelschicksale aus der Anonymität des nationalsozialistischen Massenmords an Juden herausheben. Dieses Anliegen gleicht dem des Kunstprojekts der Stolpersteine von Gunter Demnig, das schon bundesweit und sogar über die Grenzen der Bundesrepublik hinaus etabliert war. Der Initiativkreis Erfurter Denkstelen – so lautete seine ursprüngliche Bezeichnung – legte Wert auf eine Akzentsetzung in der städtischen Denkmal- und Erinnerungskultur, auf ein Erfurt-spezifisches Kunstobjekt.

2008 schrieb der Arbeitskreis »Erfurter GeDenken 1933–1945« einen offenen künstlerischen Wettbewerb aus, und es wurden zehn Entwürfe eingereicht. Eine Ausstellung anlässlich des 70. Jahrestags der Novemberpogrome präsentierte die Beiträge in der damals noch nicht als Museum eröffneten Alten Synagoge Erfurt.

Eine Jury vergab den ersten Preis an Sophie Hollmann, die mit ihrer »Zeichensetzung« überzeugte. Die Künstlerin, 1986 in Erfurt geboren, absolvierte bis 2004 eine Ausbildung an der Walter-Gropius-Schule in Erfurt, Fachoberschule für Gestaltung. Ihr Studium schloss sie 2009 an der Anhalt University of Applied Sciences mit dem Master of Arts in Integrated Design ab.

Bürgerschaftliches und politisches Engagement

Bürgerschaftliches Engagement steht im Mittelpunkt der Initiative »Erfurter GeDenken 1933–1945«. Seit April 2007 kommen Bürger in dem gleichnamigen offenen Arbeitskreis zusammen und begleiten themenbezogene Projekte. Die Erinnerungsarbeit hat einen direkten Bezug zur Gegenwart: Die Auseinandersetzung mit rassistischem und rechtsextremem Gedankengut und davon inspirierter Gewalt spielt im Arbeitskreis eine wichtige Rolle.

Die DenkNadeln werden vollständig durch private Stifter und Mitstifter finanziert. Alle Fraktionen des Stadtrats und die Stadtverwaltung unterstützen das Engagement. Die Stadt stiftete die Preise im künstlerischen Wettbewerb und übernahm die Finanzierung der

Fundamente für die ersten sieben DenkNadeln. Das Tiefbau- und Verkehrsamt wird auch in Zukunft die bautechnischen Details prüfen. Der Arbeitskreis »Erfurter GeDenken 1933–1945« war von Anfang an in das Netzwerk von Einrichtungen jüdischen Lebens in Erfurt eingebunden.

Kunstwerk

Wohn- oder Wirkungsstätten, die mit den Einzelschicksalen in Verbindung stehen, werden wie Tatorte mit überdimensionalen Stecknadeln markiert. Das Kunstwerk assoziiert auch den Stich in eine Wunde, der Schmerz auslöst. Mit der Einbeziehung spielerischer Elemente in die sehr ernste Dimension des Themas fordert die Künstlerin zur Auseinandersetzung heraus. Andere Assoziationen – zum Beispiel wenn die Installationen zunächst als Eistüten wahrgenommen werden – erzeugen gegebenenfalls zwiespältige Gefühle.

Der Schaft einer DenkNadel ist 1,40 Meter hoch. Er besteht aus 1,5 Millimeter starkem gewickelten Edelstahl. Der orangefarbene Nadelkopf aus lasiertem Holz misst 40 Zentimeter im Durchmesser. Auf einer kleinen Metallplatte unterhalb des Nadelkopfes sind Name, Geburtsjahr und Todesjahr eingraviert, ergänzt durch einen Hinweis auf den Todesort beziehungsweise die Todesumstände.

Die DenkNadeln markieren Orte, an denen jüdische Erfurter wohnten, die von den Nationalsozialisten ermordet wurden.

Die ersten sieben Standorte

Am 9. November 2009 wurden die ersten vier Erinnerungszeichen im Stadtraum installiert. 2010 folgte eine DenkNadel in der Bahnhofstraße und 2011 die sechste in der Meister-Eckehart-Straße. Seit Januar 2012 steht eine DenkNadel in der Johannesstraße.

Die ausgewählten Schicksale stehen exemplarisch für viele weitere. Die DenkNadeln sind allen Menschen gewidmet, die in Erfurt Ausgrenzung, Entrechtung, Verfolgung und Terror erlitten haben, weil sie Mitglied der jüdischen Gemeinde waren oder weil sie als Juden galten.

Straße des Friedens 1

Gedenken an Dr. Hilde Spier, 1901–1942,
deportiert am 02 09 1942, Auschwitz
Gedenken an Carl Ludwig Spier, 1900–1945,
Todesmarsch nach Buchenwald

Das Ehepaar Spier lebte seit 1930 im Erdgeschoss der damaligen Friedrichstraße 1. Erfurt ist die Geburtsstadt ihrer Kinder Marianne und Rolf. Die Philologin Dr. Hilde Spier hatte in Köln als Redakteurin gearbeitet. Als dem Diplomökonomen Carl Ludwig Spier die Leitung der Schuhfabrik Lingel angetragen wurde, verlegte das Ehepaar seinen Wohnsitz nach Erfurt. 1935 floh die Familie ins Exil nach Brüssel. Carl Ludwig wurde dort im Mai 1940 verhaftet und nach Frankreich abgeschoben. Hilde floh mit den Kindern nach Südfrankreich, sie gelangten ins Lager Gurs. Ende Juli 1940 kamen sie nach Saint Cyprien. Dort war Carl Ludwig interniert, er wurde jedoch kurz darauf nach Gurs verlegt. Nach mehreren Monaten der Trennung und des dann gemeinsamen Aufenthalts in Meillon lebte die Familie in der unbesetzten Zone Frankreichs. Bei einer großen Razzia im August 1942 wurden die Eheleute Spier mit ihren Kindern aufgegriffen und in ein Sammellager für ausländische Juden nach Nizza überstellt. Dort trennten sich die Eltern später von ihren Kindern. Sie taten das im Bewusstsein, dass Marianne und Rolf daraufhin in der Obhut vertrauenswürdiger Menschen und in Sicherheit waren. Eine jüdische Organisation hatte die Erlaubnis, sich um elternlose Kinder jüdischer Ausländer zu kümmern. Über das Internierungslager Drancy wurden Hilde und Carl Ludwig Spier in das Vernichtungslager Auschwitz deportiert.

Straße des Friedens 13

Gedenken an Blondina Schüftan, geb. 1887,
deportiert am 02.03.1943, Auschwitz

Die Witwe des 1936 verstorbenen Rabbiners, genannt Dina, lebte seit März 1938 im Erdgeschoss der damaligen Friedrichstraße 13. Diese Wohnung wurde nach der Zerstörung der Großen Synagoge in der Pogromnacht 1938 zum Treffpunkt der Synagogengemeinde und zum Sitz des Gemeindebüros. Dina Schüftan war 1923 gemeinsam mit Ehemann und Sohn nach Erfurt gekommen. Von Anfang an engagierte sie sich in der jüdischen Wohlfahrtspflege, im Israelitischen Frauenverein Erfurt und dem Landesverband Mitteldeutschland des Jüdischen Frauenbunds. Sie stellte die eigene Auswanderung zurück, um die Gemeinde nicht im Stich zu lassen. Bis zuletzt war sie in Erfurt als Fürsorgerin für die Reichsvertretung der Juden in Deutschland tätig.

Am 23. Januar 1943 musste Dina Schüftan ihren Wohnsitz in die Johannesstraße 98/99 verlegen. Von dort wurde sie zusammen mit zwei anderen Gemeindemitgliedern in das Vernichtungslager Auschwitz deportiert. In dem Transport am 2. März 1943 befanden sich sieben Personen aus Erfurt.

Puschkinstraße 16

Gedenken an Leopold Stein, geb. 1880,
deportiert am 02.03.1943, Auschwitz

In der damaligen Viktoriastraße 16 hatte die jüdische Gemeinde eine Wohnung im Erdgeschoss angemietet, die 1939 mehreren Familien als Unterkunft diente. Ein Raum dieser Wohnung wurde ab dem 1. Januar 1940 offiziell als Schulraum der privaten jüdischen Volksschule genutzt. Bereits mehrere Monate zuvor hatte Leopold Stein hier mit der Unterrichtung jüdischer Schulkinder, darunter auch auswärtige Kinder, begonnen. Der Lehrer, der seit 1911 an der Mittelschule in Bleicherode tätig gewesen war, wurde im September 1933 zwangsweise in den Ruhestand versetzt. Daraufhin übersiedelte er mit seiner Familie nach Erfurt. Den beiden Töchtern gelang rechtzeitig die Flucht ins Exil. Leopold Stein und seine Ehefrau Elly mussten ihren Wohnsitz in Erfurt mehrfach wechseln. Zuletzt waren sie in der Herderstraße 24 a, einem Ghettohaus, untergebracht. Mit weiteren fünf Personen aus Erfurt wurden Leopold und Elly Stein am 2. März 1943 in das Vernichtungslager Auschwitz deportiert.

Domplatz 23

Gedenken an Günther Beer, geb. 1938,
deportiert am 09.05.1942, Ghetto Bełżyce

Der Vierjährige war der jüngste Einwohner Erfurts, der deportiert wurde. Er lebte mit Mutter und Großeltern im zweiten Stockwerk am damaligen Friedrich-Wilhelm-Platz bei den Schwestern Cäcilie und Henriette Satonower zur Untermiete. Günthers Vater war in der Absicht nach Holland emigriert, Frau und Kind nachzuholen. Der Junge kam mit seiner Mutter Irma im September 1939 von Glogau nach Erfurt. Die Eltern der Mutter waren bereits 1938 aus Stadtlengsfeld zugezogen. Irma Beer leistete 1941 Zwangsarbeit für das Unternehmen Amend & Co. in der Herstellung von Fesselballons.

Am 8. Mai 1942 mussten sich alle sechs Personen mit unbekanntem Ziel abmelden. Am nächsten Tag erreichten sie das Sammellager in Weimar und am Tag darauf wurden sie in das Ghetto Bełżyce im Distrikt Lublin deportiert. Die erste flächendeckende Massendeportation von Juden aus dem Raum Thüringen und Sachsen betraf 101 Menschen aus Erfurt. Von ihnen überlebte nicht einer.

Bahnhofstraße 40

Gedenken an Dr. med. Ernst Ehrlich, 1874–1942,
deportiert am 19.09.1942, Theresienstadt

Der Facharzt für Magen-, Darm- und Stoffwechselkrankheiten wohnte und praktizierte von 1933 bis 1938 im ersten Stockwerk des Gebäudes. Als ehemaliger jüdischer Frontkämpfer und vor dem 1. August 1914 niedergelassener Arzt war Dr. Ernst Ehrlich 1933 noch vom Verbot der kassenärztlichen Tätigkeit ausgenommen. Ab Oktober 1938 betraf das Berufsverbot alle jüdischen Ärzte. Am 9. November 1938 wurde Dr. Ernst Ehrlich verhaftet und am nächsten Tag zusammen mit weiteren 179 Männern von der Turnhalle des Realgymnasiums in das KZ Buchenwald transportiert, wo er bis zum 26. November 1938 inhaftiert blieb. Ab Juli 1939 war er als letzter »Krankenbehandler« in Erfurt tätig, das heißt ausschließlich zur Behandlung von Juden zugelassen.

Die zweite und letzte zentrale Deportation aus dem Thüringer Gebiet im September 1942 erfasste 41 Personen aus Erfurt. Dr. Ernst Ehrlich starb am 13. Oktober im Ghetto Theresienstadt infolge der unmenschlichen Lebensumstände.

Meister-Eckehart-Straße 1

Gedenken an Naemi Rosenblüth, 1926–1942,
ausgewiesen am 20.10.1938, Polen

Der Standort der DenkNadel befindet sich auf dem Hof des Evangelischen Ratsgymnasiums Erfurt. Naemi, genannt Normi, war seit Ostern 1937 Schülerin der damaligen Mittelschule für Mädchen, der Kasinoschule. Zuvor hatte sie vier Jahre lang eine Volksschule besucht. Naemis Schulzeit an der Kasinoschule begann mit Klasse 6 a, das entspricht nach einer Schulreform im Jahr darauf der Mittelschulklasse 1. Am 11. Oktober 1938, nur wenige Tage vor ihrer Zwangsausweisung, erhielt sie das Halbjahreszeugnis der Klasse 2 a.

Naemi wurde zusammen mit ihrer verwitweten Mutter Sara, die einen polnischen Pass besaß, und den älteren Schwestern Ruth und Edith abgeschoben. In der Regel wurden die Betroffenen in »Abschiebehaft« genommen und mit Sammeltransporten gewaltsam zu den Grenzübergängen gebracht. 70 namentlich bekannte Personen mussten Erfurt am 28. Oktober 1938 aufgrund eines Ausweisungsbefehls verlassen. Die sogenannte Polenaktion war die früheste Deportation aus dem Deutschen Reich in den Osten. Familie Rosenblüth lebte nach der Abschiebung zunächst in Otwock, dann in Warschau. Der Todestag Naemis und ihrer Angehörigen im Jahr 1942 ist nicht bekannt; der Todesort ist vermutlich das Warschauer Ghetto.

Johannesstraße 98

Gedenken an Max Cohn, geb. 1899;
April 1945, Buchenwald;
Gedenken an Helmut Cohn, geb. 1925;
Dezember 1944, Auschwitz;
Gedenken an Rosemarie Cohn, geb. 1928;
Januar 1945, Bergen-Belsen

Das damalige Grundstück Johannesstraße 98/99 gilt als Ghettohaus, weil mehrere Wohnungen von Gestapo und Stadtverwaltung als »Judenwohnraum« genutzt wurden. Im Sommer 1942 wurde die Familie Cohn in eine Wohnung im ersten Stockwerk des Hinterhauses eingewiesen. Max Cohn war mit einer Nichtjüdin verheiratet, ihre drei Kinder galten als »jüdische Mischlinge ersten Grades«. Der Familienvater leistete Zwangsarbeit für die Firma Thüba, Thüringer Badeofenfabrik, in der Fertigung von Flugzeugteilen. Ein Kollege denunzierte ihn 1942 wegen des Eintauschens von Zigaretten- gegen Lebensmittelrationen. Daraufhin wurde Max Cohn verhaftet und verurteilt. Nach Verbüßung der Haftstrafe wurde er im KZ Auschwitz-Monowitz inhaftiert. Im November 1943 wurde Max Cohn in das KZ Buchenwald überstellt. Dort starb er ungefähr am 9. April 1945.

Sein ältester Sohn Helmut und seine Tochter Rosemarie wurden von Nachbarn mehrfach wegen Nichttragens des »Judensterns« denunziert. Die Gestapo verhaftete beide Mitte 1944. Im Juli 1944 wurden sie in das Konzentrations- und Vernichtungslager Auschwitz deportiert. Das letzte Lebenszeichen von Helmut ist ein Brief vom 9. Dezember 1944 aus Block 20, dem »Infektionsblock«. Rosemarie wurde in das KZ Bergen-Belsen überstellt; dort verhungerte sie im Januar 1945.

Aus der Johannesstraße 98/99 wurden zwischen Mai 1942 und Januar 1945 mindestens 17 weitere Personen deportiert; von ihnen überlebten nur drei.

Weitere Informationen zu den DenkNadeln liegen in der Bibliothek in der Kleinen Synagoge zur Einsicht bereit.

→   Arbeitskreis »Erfurter GeDenken 1933–1945«
    c/o Begegnungsstätte Kleine Synagoge Erfurt,
    Tel.: 0361/6551665, Fax: 0361/655551608,
    E-Mail: erfurtergedenken@erfurt.de

„Stets gern für Sie beschäftigt,..."

DER ERINNERUNGSORT TOPF & SÖHNE –
DIE OFENBAUER VON AUSCHWITZ

Der ehemalige Sitz der bekannten Erfurter Firma J. A. Topf & Söhne ist als Erinnerungsstätte in Europa einmalig. Es gibt keinen anderen historischen Ort, der in den ehemaligen Arbeitsräumen eines Unternehmens die Ermöglichung und Umsetzung des Holocaust durch Industrie und Privatwirtschaft belegt. Aus dem Erinnerungsort Topf & Söhne auf der einen und den einzigartigen Zeugnissen jüdischen Lebens auf der anderen Seite erwächst in Erfurt ein Spannungsbogen über 850 Jahre deutsch-jüdischer Geschichte zwischen kulturellem Reichtum und den tiefsten Abgründen gewollter, geplanter und technisch umgesetzter Vernichtung von Menschen. Durch die geschichtlichen Bezüge und die museale Präsentation und Vernetzung dieser Orte und Zeugnisse bieten sich in Erfurt besondere Chancen für das historisch informierte Nachdenken darüber, wie eine menschliche und demokratische Kultur gefördert und lebendig erhalten werden kann.

Es gab »nicht Teufel und Menschen in Auschwitz, sondern Menschen und Menschen«, so Józef Szajna, ehemaliger polnischer Auschwitz- und Buchenwaldhäftling. Menschen, die das Lager wollten, errichteten und in Betrieb hielten, und Menschen, am Ende weit über eine Million, die dort umgebracht wurden. Zu den Menschen, die ohne Zwang und auf eigene Initiative im Rahmen ihres gewöhnlichen beruflichen Alltags Auschwitz und andere Lager »in Betrieb« hielten, gehörten die Firmeninhaber, Ingenieure und Monteure von J. A. Topf & Söhne in Erfurt.

Die Firma J. A. Topf & Söhne

1878 gründete der Braumeister Johannes Andreas Topf in Erfurt ein feuerungstechnisches Baugeschäft. Seine Söhne machten daraus ein Unternehmen, das Brauerei- und Mälzereianlagen sowie industrielle Feuerungen in alle Welt lieferte. Auch das Geschäft mit Krematoriumsöfen, in das die Firma 1914 einstieg, war erfolgreich – diese Öfen ermöglichten eine besonders pietätvolle Einäscherung.

Als die SS ab 1939 Öfen verlangte, mit denen die Leichen der Ermordeten in den Konzentrationslagern beseitigt werden sollten, entwickelte und baute Topf & Söhne auch diese Öfen: kostengünstig, brennstoffsparend, nach dem Prinzip der Kadaververnichtung. In Auschwitz-Birkenau stattete das Erfurter Unternehmen die Gaskammern mit Lüftungstechnik aus. Bei der Tötung und Leichenbeseitigung war die SS auf zivile Experten angewiesen, die keine Skrupel hatten, sich in die praktischen Probleme der Vernichtung hineinzudenken und entsprechende Lösungen zu entwickeln. Die Erfurter Firma hat dabei eine entscheidende Rolle gespielt.

Die vorbehaltlose Zusammenarbeit von Topf & Söhne mit der SS beunruhigt in besonderer Weise. Denn weder die Firmeninhaber noch die beteiligten Mitarbeiter entsprechen dem Bild fanatischer Nationalsozialisten oder radikaler Antisemiten. Sie handelten auch nicht auf Befehl oder unter Zwang und sie wussten genau, wozu die von ihnen entwickelte Technik diente. Die Geschäftsbeziehung zur SS hätte ohne gravierende Konsequenzen abgebrochen oder eingeschränkt werden können.

Der Erinnerungsort Topf & Söhne

Die Stadt Erfurt eröffnete den Erinnerungsort am 27. Januar 2011 – dem Jahrestag der Befreiung des Vernichtungslagers Auschwitz-Birkenau. Dem Aufbau ging eine jahrelange Auseinandersetzung über die Frage voraus, ob es diesen Ort überhaupt geben soll. Zivilgesellschaftliches Engagement, die wissenschaftliche Erforschung der Firmengeschichte und der internationale Erfolg einer von der Stiftung Gedenkstätten Buchenwald und Mittelbau-Dora erarbeiteten Wanderausstellung führten schließlich zu der einstimmigen Befürwortung durch den Stadtrat im November 2007.

Blick auf das Außengelände aus Nordwesten

Der Stein der Erinnerung vor dem ehemaligen Verwaltungsgebäude

Das ehemalige Firmengelände befindet sich seit 2008 im Besitz eines Wohnungsbau-Unternehmens aus Thüringen, das dort auf Teilen ein Fachmarktzentrum errichtete. Nach den Plänen der Stadt wurde nun das ehemalige Verwaltungsgebäude saniert, ein angrenzendes Außengelände gestaltet und die Wanderausstellung fest eingebaut und stark erweitert. Der Aufbau wurde vom Freistaat Thüringen sowie vom Kulturstaatsminister des Bundes gefördert.

Das **ehemalige Verwaltungsgebäude** der Firma J. A. Topf & Söhne wirkt – nach dem Abbruch aller anderen historischen Firmengebäude – freigestellt als Solitär. Das Zitat »Stets gern für Sie beschäftigt, …«, entnommen einem Geschäftsbrief nach Auschwitz, zeichnet das Haus an der Nordwest-Ecke. Das Gebäude wurde behutsam und unter Aufsicht der städtischen Denkmalpflege saniert. Spuren der Veränderungen wurden sichtbar gemacht. Innen wie außen wurden spätere Schichten wie Tapeten, Brandspuren und Graffiti entfernt. Die Fenster mussten erneuert werden, erhielten aber die historisch nachvollziehbaren Proportionen. Die Böden wurden wie die Ausstellungsgestaltung als sichtbar neue Schicht im nunmehr freigelegten Raum als dauerhafte Einrichtung verortet. In die Wände geschnittene raumhohe Öffnungen weisen dem Besucher einen neuen Weg. Die noch vorhandenen Türen und deren Überreste verblieben am Ort und wurden wie das gesamte Haus zum Exponat.

Blick in die Dauerausstellung:
Arbeitsplatz des Ofenbau-Ingenieurs Kurt Prüfer bis 1946

Die Ausblicke von den ehemaligen Zeichensälen und Arbeitsräumen der Firma auf die Umgebung werden durch eine transluzente Lasur der Fensterscheiben verwehrt. Durch das so gefilterte Tageslicht entsteht eine kontemplative Stimmung, die die Aufmerksamkeit auf den Ort und die Ausstellung konzentriert. Lediglich die Blickachsen vom ehemaligen Arbeitsplatz des Ofenbau-Ingenieurs Kurt Prüfer auf den Ettersberg, wo sich von 1937 bis 1945 das KZ Buchenwald befand, und auf die nahe gelegenen Bahngleise sind freigegeben und durch noch originale Fensterkonstruktionen herausgehoben.

In Teilen des Erdgeschosses, im ehemaligen Treppenhaus und im dritten Obergeschoss wurden die Räume für die Dauerausstellung gestaltet. Das zweite Obergeschoss beherbergt die Bereiche für Pädagogik und für die Mitarbeiter des Erinnerungsortes sowie für Wechselausstellungen. Hier steht ein großer Seminar- und Veranstaltungsraum mit Besucherbibliothek zur Verfügung.

Um das Verwaltungsgebäude in seinem historischen Kontext lesbar zu machen, wurden die direkt angrenzenden historisch bedeutsamen Spuren in einem gestalteten **Außengelände** freigelegt. Gebäude-

und Bodenfragmente wie Außenmauern, Betonböden, Podeste, Wege wurden bis zu einer Höhe von etwa 50 Zentimetern über dem Geländeniveau erhalten. Die nicht bis 1945 zu datierenden Flächen wurden mit einer Basalt-Split-Decke als Hintergrund für die historischen Fragmente ausgebildet. Die so entstandene lesbare Karte der Erinnerung wird von Gehwegen umsäumt, die sich von den historischen Spuren wie auch von dem Splitbelag stark abgrenzen. Sie bilden gemeinsam mit den Parkplätzen die alltägliche Wohn- und Arbeitsumgebung. Eine in den Boden eingelassene Stahlkante markiert den »scharfen Schnitt zwischen Alltag und Gedenken«.

Die ehemalige Begrenzungsmauer des Firmenareals ist nur noch an drei Pfeilern ablesbar, die verschwundenen Mauerpfeiler wurden durch Doppelstelen aus Industriestahl zitiert. Die Begrenzung ist durchlässig, das Gelände ist von allen Seiten einseh- und betretbar – als Einladung zur Auseinandersetzung mit der Geschichte. Vor dem Haus wurde ein Ort des Gedenkens für die Opfer errichtet, der **Stein der Erinnerung**. Er »versperrt« den direkten axialen Zugang zum Gebäude, zum ehemaligen repräsentativen Firmeneingang.

Ein großes, begehbares **Modell aus Gusseisen**, dem Material der Ofentüren, steht auf Stützen etwa 15 Zentimeter über dem Gelände. Es zeichnet, etwa im Maßstab 1:50, den gesamten Betrieb in seiner

Modell des Firmengeländes 1944/45

Ausdehnung 1944/45 nach und flankiert – etwas angehoben auf einer bestehenden Betonplatte – den Eingang zum ehemaligen Verwaltungsgebäude. Das Modell steht in direktem Bezug zu den erhaltenen historischen Spuren und veranschaulicht für den Besucher die betrieblichen Abläufe und die historischen Ausmaße der Firma.

Nach Abschluss der Abrissarbeiten und der Neubebauung durch das Fachmarktzentrum ist das historische Gesamtareal nicht mehr nachvollziehbar. Deshalb erinnern Informationsstelen auch außerhalb des Erinnerungsraumes an die Firma und ihre Mittäterschaft im Nationalsozialismus. Sie markieren die Produktionsorte der KZ-Öfen und der Lüftungstechnik – mitten im heutigen Geschäftsalltag, so wie auch damals die Verbrechensbeteiligung im betrieblichen Alltag geschah.

Die Innenausstellung *Techniker der »Endlösung« – Topf & Söhne – Die Ofenbauer von Auschwitz* zeigt Schlüsseldokumente zum Holocaust aus dem Betriebsarchiv, aus Auschwitz und Moskau. Fotos und Sachzeugnisse dokumentieren die Firmengeschichte. Berichte von Häftlingen bezeugen, was den Menschen in Auschwitz angetan wurde. In Buchenwald im Jahr 1997 geborgene Aschekapseln und die zu Lumpen zerschlissene letzte Habe von Häftlingen auf den Todesmärschen von Auschwitz-Birkenau nach Buchenwald werden als stumme Zeugnisse gezeigt. Auch die Nachgeschichte der Leugnung, Verdrängung und Strafverschonung sowie die späte und erkämpfte Erinnerung bis zur Eröffnung des Hauses werden thematisiert.

Blick in die Dauerausstellung »Techniker der ›Endlösung‹«
in den historischen Zeichensälen

Als **historisch-politischer Lernort** eröffnet der Erinnerungsort einen neuen Zugang zur Geschichte des Holocaust, weil er Fragen nach der Mitwisser- und Mittäterschaft »normaler Menschen« im Nationalsozialismus aufwirft. Als historischer Lernort ist er einzigartig und unersetzbar, weil er die unbequeme und so wichtige Frage nach der Verantwortung jedes und jeder Einzelnen in seinem gewöhnlichen beruflichen Alltag stellt.

→ Stadt Erfurt

Erinnerungsort Topf & Söhne – Die Ofenbauer von Auschwitz

Dr. Annegret Schüle, Sorbenweg 7, 99099 Erfurt,

Tel.: 0361/6551681, Fax: 0361/655551680,

E-Mail: topfundsoehne@erfurt.de, www.topfundsoehne.de

→ Geöffnet dienstags bis sonntags 10 Uhr bis 18 Uhr

→ Anfahrt mit öffentlichen Verkehrsmitteln: Buslinie 9 Richtung Daberstedt, Haltestelle »Spielbergtor«, Fußweg nach links in den Nonnenrain (etwa 4 Minuten)

→ Zu Fuß ab dem Erfurter Hauptbahnhof: Bahnhofstraße durch die Bahnüberführung bis zu den Treppen des Stadtparks, links an den Schienen der Stadtbahn orientieren und an diesen entlang in die Windhorststraße, dort die erste Straße nach links nehmen – den Nonnenrain, auf dieser Straße etwa 10 Minuten geradeaus bis zum Gelände des Erinnerungsortes (dabei die Clara-Zetkin-Straße und die Wilhelm-Busch-Straße überqueren)

→ Mit dem PKW: Der Erinnerungsort liegt an der B7 Richtung Weimar. Kostenfreie Parkplätze sind ausreichend vorhanden.

→ Führungen durch die Außen- und Innenausstellung dauern in der Regel 90 Minuten, für Jugendliche durch die Integration einer eigenständigen Spurensuche und Auswertung 120 Minuten. Sie sind ab einer Gruppengröße von sieben Personen möglich und können unter lernort.topfundsoehne@erfurt.de oder der Telefonnummer 0361/6551682 gebucht werden. An jedem letzten Sonntag im Monat finden um 15 Uhr Führungen für Einzelbesucher statt.

für Sie beschäftigt,...

Bildnachweis

→ Angermuseum Erfurt: S. 47 (Inv.-Nr. 2415/20, Foto: Dirk Urban)
→ Büro Albrecht von Kirchbach: hintere Umschlagklappe innen
→ imago: vordere und hintere Umschlagklappe außen, S. 4, 6
→ Kastner Pichler Architekten: S. 70, 72, 74, 76, 78
→ Albrecht von Kirchbach: S. 2, 31, 32,
→ Papenfuss – Atelier für Gestaltung: S. 13, 36, 37
→ Peter Seidel: Umschlag vorn (unten), S. 26, 41, 42
→ Stadtarchiv Erfurt: S. 15
→ Stadtverwaltung Erfurt: Umschlag vorn (oben), vordere Umschlag-
klappe innen, Umschlag hinten, S. 8, 10, 12, 16, 17, 19, 21, 22, 24,
29 (Plan: Albrecht von Kirchbach), 33, 34, 35, 38, 39, 43, 45, 46, 48, 50,
52, 53, 54, 56, 58, 59, 61, 62 oben und unten, 64
→ Dirk Urban: S. 73, 75

Textquellen

→ Internetseite des Netzwerks »Jüdisches Leben Erfurt«:
www.alte-synagoge.erfurt.de
→ Ausstellungstafeln der Alten Synagoge und der mittelalterlichen Mikwe
→ Videoguide der Alten Synagoge

Weiterführende Literatur

→ Landeshauptstadt Erfurt, Stadtverwaltung (Hg.):
Alte Synagoge und Mikwe zu Erfurt, Erfurt 2009.
Erfurter Hebräische Handschriften, Erfurt 2010.
Erfurter Schatz, Erfurt 2009.
→ Annegret Schüle: *Industrie und Holocaust. Topf & Söhne –
Die Ofenbauer von Auschwitz*. Hg. von der Stiftung Gedenkstätten
Buchenwald und Mittelbau-Dora, Göttingen 2010.
→ Stadt und Geschichte, Sonderheft 8: *Jüdisches Leben in Erfurt*,
Erfurt 2008.
→ Thüringisches Landesamt für Denkmalpflege und Archäologie (Hg.):
Die mittelalterliche jüdische Kultur in Erfurt.
Band 1: *Der Schatzfund. Archäologie – Kunstgeschichte –
Siedlungsgeschichte*, Weimar 2010.
Band 2: *Der Schatzfund. Analysen – Herstellungstechniken –
Rekonstruktionen*, Weimar 2010.
Band 3: *Der Schatzfund. Die Münzen und Barren* [in Vorbereitung].
Band 4: *Die Alte Synagoge*, Weimar 2009.
→ Olaf Zucht: *Die Geschichte der Juden in Erfurt von der Wieder-
einbürgerung 1810 bis zum Ende des Kaiserreichs*, Erfurt 2001.

Impressum

Bibliografische Information der Deutschen Nationalbibliothek
Die Deutsche Nationalbibliothek verzeichnet diese Publikation in
der Deutschen Nationalbibliografie; detaillierte bibliografische
Daten sind im Internet über http://dnb.d-nb.de abrufbar.

ISBN 978-3-361-00681-2

© 2012 by Edition Leipzig in der Seemann Henschel GmbH & Co. KG,
Leipzig
www.edition-leipzig.de

Umschlagmotive vorn: Gebetsraum der Neuen Synagoge (oben),
Blick in die mittelalterliche Mikwe (unten)
Umschlagmotiv hinten: Die Kleine Synagoge an der Gera
Umschlaggestaltung: Jenny Baese, Berlin
Layout und Satz: Jenny Baese, Berlin
Reproduktionen: Bild1Druck, Berlin
Druck und Bindung: Stürtz, Würzburg

Gedruckt auf alterungsbeständigem Papier mit chlorfrei gebleich-
tem Zellstoff

Printed in Germany